PAPYRUS
ÉGYPTO-ARAMÉEN

APPARTENANT AU MUSÉE ÉGYPTIEN DU LOUVRE

EXPLIQUÉ ET ANALYSÉ POUR LA PREMIÈRE FOIS

PAR

L'ABBÉ J. J. L. BARGÈS

DOCTEUR EN THÉOLOGIE, PROFESSEUR D'HÉBREU A LA SORBONNE, ETC., ETC.

PARIS

BENJAMIN DUPRAT, LIBRAIRE DE L'INSTITUT, DE LA BIBLIOTHÈQUE IMPÉRIALE
ET DU SÉNAT

ET DES SOCIÉTÉS ASIATIQUES DE PARIS, LONDRES, MADRAS, CALCUTTA, CHANG-HAÏ ET NEW-HAVEN
(ÉTATS-UNIS D'AMÉRIQUE)

Rue Fontanes, 7 (Cloître-Saint-Benoît)

1862

PAPYRUS
ÉGYPTO-ARAMÉEN

APPARTENANT AU MUSÉE ÉGYPTIEN DU LOUVRE

EXPLIQUÉ ET ANALYSÉ POUR LA PREMIÈRE FOIS

PAR

L'ABBÉ J. J. L. BARGÈS

DOCTEUR EN THÉOLOGIE, PROFESSEUR D'HÉBREU A LA SORBONNE, ETC., ETC.

PARIS

BENJAMIN DUPRAT, LIBRAIRE DE L'INSTITUT, DE LA BIBLIOTHÈQUE IMPÉRIALE
ET DU SÉNAT

ET DES SOCIÉTÉS ASIATIQUES DE PARIS, LONDRES, MADRAS, CALCUTTA, CHANG-HAÏ ET NEW-HAVEN
(ÉTATS-UNIS D'AMÉRIQUE)

Rue Fontanes, 7 (Cloître-Saint-Benoît)

1862

A LA MÉMOIRE

de mon cher et docte maître

DOM GABRIEL TAOUIL

PRÊTRE DU RITE GREC MELCHITE ET DE L'ORDRE DE SAINT-BASILE,
NATIF DE LA VILLE DE DAMAS,

ANCIEN INTERPRÈTE DU GÉNÉRAL BONAPARTE, EN ÉGYPTE,
NOMMÉ LE PREMIER A LA CHAIRE D'ARABE CRÉÉE A MARSEILLE PAR L'EMPEREUR NAPOLÉON I,
AUTEUR D'UNE TRADUCTION ARABE MANUSCRITE DE LA VIE ET DES FABLES D'ÉSOPE,

DÉCÉDÉ AUX CROTTES (BANLIEUE DE MARSEILLE), EN 1835, A L'AGE DE 78 ANS.

J. J. L. BARGES.

6 janvier 1862.

PAPYRUS ÉGYPTO-ARAMÉEN

Les paléographes ont donné le nom d'égypto-araméens aux monuments épigraphiques écrits en caractères phéniciens, qui ont été trouvés en Égypte ou présentent des figures et des symboles relatifs à la religion et au culte de cette célèbre contrée. Ces textes forment une branche à part dans l'archéologie sémitique, et se distinguent, sous le rapport de la paléographie, par la forme particulière des lettres, et, sous celui de la philologie, par le caractère de la langue, qui est l'araméen mêlé d'hébreu. Ils se divisent en deux classes : les épigraphes lapidaires et les écrits tracés sur papyrus. Le spécimen le plus célèbre de la première classe est l'inscription de Carpentras, et l'abbé Barthélemy a eu le premier la gloire de l'interpréter. Quant aux papyrus, il en existe six dans les musées et les cabinets de l'Europe, savoir : 1° celui de Turin ; 2° les deux du cabinet du duc de Blacas ; 3° celui du Musée Borgia, qui appartient aujourd'hui à la bibliothèque de la Propagande ; 4° celui que l'on conserve dans la bibliothèque du Vatican ; 5° enfin celui du Musée égyptien du Louvre, qui fait l'objet et la matière de la présente notice. Pour ne rien omettre dans cet exposé, nous mentionnerons deux autres papyrus qui viennent d'être découverts par M. Mariette, cet habile et infatigable investigateur des antiquités égyptiennes, et qui font partie du musée fondé au Caire par le vice-roi d'Égypte.

Le premier, expliqué d'abord par Hamaker [1], d'après la copie publiée par Raoul-Rochette dans le *Journal Asiatique* (tom. V, p. 20), puis par F. Beer [2], d'après une copie faite par

[1] *Miscell. phœnic.*, tab. III, n° 3.

[2] *Inscriptiones et papyri veteres semitici quotquot in Ægypto reperti sunt editi et inediti, recensiti et ad originem hebræo-judaicam relati*, particula I. (Lipsiæ, 1833.)

G. Seyffarth, l'a été, en dernier lieu, par le savant Gesenius, qui l'a reproduit dans son magnifique ouvrage des *Monuments de l'écriture et de la langue phénicienne*[1]. Les deux papyrus du cabinet du duc de Blacas, reproduits et commentés par l'abbé Michelange Lanci. dans son livre intitulé : *La sacra Scrittura illustrata con monumenti fenico-assyri ed egiziani* (Roma, 1827), ensuite par F. Beer, ont été également expliqués par Gesenius dans l'ouvrage précité. Le papyrus de la Propagande, ainsi que celui du Vatican, dont Gesenius possédait deux copies, l'une que lui avait envoyée Seyffarth avec l'autorisation de les publier, s'il le jugeait à propos ; l'autre, lithographiée d'après la précédente, et communiquée par F. Beer, qui avait promis de la faire paraître dans la seconde partie de son travail ; ces deux monuments, disons-nous, sont restés jusqu'ici inédits, parce que Gesenius, mu par un sentiment de délicatesse qui honore son caractère, n'avait pas voulu ôter à son compatriote la gloire de donner le jour de la publicité aux papyrus en question, et que, dans un intervalle de temps très-court, le trépas est venu les ravir l'un après l'autre à la science et aux études orientales. Quant aux deux qui ornent le Musée du Caire, ils sont également inédits ; c'est à M. Mariette qu'il appartient incontestablement de les faire connaître, puisque c'est à lui qu'est échu le bonheur de les découvrir.

Comme on le voit, les monuments égypto-araméens qui peuvent servir à l'étude ne sont pas en très-grand nombre. A cet inconvénient, déjà si regrettable aux yeux des savants qui s'occupent de paléographie sémitique, il s'en joint un autre qui n'est pas moins fâcheux : c'est l'état fragmentaire dans lequel nous sont parvenus, à travers les siècles, ces rares débris de la littérature des anciens peuples de l'Orient. En effet, le papyrus de Turin, dont la découverte fit tant de bruit il y a environ trente-six ans, présente, en trois lignes incomplètes, une dizaine seulement de mots. Ceux du Musée du Caire se composent, l'un, de quatre lignes tronquées au commencement et à la fin, avec des lacunes au milieu et des caractères oblitérés ; l'autre, qui n'est qu'un bout d'épigraphe, offre à peine une quinzaine de lettres. Les papyrus du cabinet de Blacas sont, il est vrai, plus considérables, puisqu'ils sont écrits sur les deux côtés et qu'ils présentent, l'un, deux cent quatre-vingt-un, et l'autre, cent six caractères ; malheureusement ils sont tous les deux également à l'état de fragments, car le bord des lignes s'y trouve mutilé en plusieurs endroits, et ils offrent çà et là, au milieu du texte, des lacunes et des oblitérations à jamais irréparables. Quant à ceux que l'on garde à Rome, si l'on en juge par ce que nous dit l'abbé Lanci dans son ouvrage mentionné plus haut, ils ne paraissent pas avoir été moins maltraités par le temps et se trouver, par conséquent, dans un meilleur état de conservation.

Le papyrus égypto-araméen du Louvre (collection Drovetti, n° 1 (7)) n'a pas échappé au sort commun ; il a, comme ses congénères, ses blessures et ses mutilations, mais il n'en rougit pas ; il semble même les porter avec quelque fierté, parce que ce sont les marques

---

[1] *Scripturæ linguæque Phœniciæ monumenta quotquot supersunt edita et inedita, etc., illustravit G. Gesenius.* Lipsiæ, 1837.

authentiques de son antique origine, des titres à notre confiance et à notre vénération. En le tirant aujourd'hui de l'obscurité et de l'oubli où il a été abandonné jusqu'ici, en lui donnant généreusement le grand jour de la publicité [1], je ne serai pas téméraire ni présomptueux, si je crois par là faire quelque chose d'utile au progrès de la philologie orientale et de la paléographie. Mon intention ainsi comprise et appréciée, comme je le désire, me vaudra, sans aucun doute, l'indulgence des savants qui, comme moi, s'occupent de l'étude des langues orientales et de l'histoire des peuples primitifs.

Commençons par transcrire le texte araméen du fol. rº en caractères hébraïques. (Voir la copie lithographiée du papyrus, planche I, à la fin de cette notice.)

Transcription du papyrus, fol. rº.

נפקחה בירח פאפי	פאפי זי מחציב	1
בו לפאפי לשרתא חמר צידן קלוי ◄ מצרין	מצרין קלוי ◄	2
בו‖ לפאפי לשרתא מצרין קלול ◄ קלוי ‖‖	קלל ◄ קלוי ‖‖	3
חיב לצחא בר פמת ח[מ]ר מצרין מא ‖ ‖‖ ‖		4
בגו קלול •‖ קלוין ‖‖ ‖‖ עליך זער ש.........		5
...... בכל עליך קדם עמך מצרין קלל ◄		6
.... מצרין קלל ◄		7
.........לל ‖ מצרין ק[לל ◄]		8
.... זי בצ[י]ני מצרין קלל ◄		9
...... לשרתא חמר צידן קלוי ◄ מצרין		10
[ה]........ פחה מצרין קלל ◄		11
.......ל....מ...... קלוי ◄		12

[1] J'ai eu déjà l'occasion de signaler ce papyrus à l'attention des Orientalistes, il y a environ six ans, dans ma *Nouvelle interprétation de l'Inscription phénicienne découverte par M. Mariette dans le Sérapéum de Memphis*, mémoire qui a paru dans la *Revue de l'Orient et de l'Algérie* (cahier de mars 1856, p. 205). Il m'a été communiqué, dans ces derniers temps, par M. le vicomte de Rougé, conservateur du Musée égyptien du Louvre, lequel, héritier de la science de Champollion, a fait faire des progrès remarquables à l'étude des hiéroglyphes qu'il explique au Collége de France.

ANALYSE ET COMMENTAIRE.

PREMIÈRE LIGNE. Elle est précédée des trois mots : מחציב זי פאפי, qui, se trouvant pla-
cés en dehors de la colonne et en marge, semblent, dès l'abord, avoir été destinés à servir
de titre au texte qui suit ; mais il n'en est rien, car ils appartiennent, ainsi que plusieurs
autres que nous verrons plus loin, à une colonne qui a disparu, et ils terminent une phrase
dont le commencement nous est inconnu.

פאפי, *Phaôphi* ou *Paôphi*. La queue de la première lettre de ce groupe a été oblitérée
par le temps ; mais la partie supérieure, qui est restée intacte et qui a la forme d'un crochet,
ne laisse aucun doute sur la valeur que nous lui assignons.

Paôphi est le nom du second mois de l'année civile des anciens Égyptiens ; il commençait
le 28 ou le 29 septembre, et finissait le 27 ou le 28 octobre. Le mot est écrit ici *defectivè*,
comme disent les grammairiens, car sur le papyrus du Musée du Caire, nᵒ 2, où il se trouve
également, il se présente avec un *vav* après l'*aleph*; on y lit à la quatrième ligne :
לפאופי⌢ם ביום, c'est-à-dire *au dixième jour de Paôphi.* Les Grecs, contemporains des
Égyptiens, et, par conséquent, leurs fidèles interprètes, ont exprimé la véritable prononciation de ce nom, en le rendant dans leur langue par le mot Παωφὶ ; après eux, les Arabes,
qui ont l'habitude de dénaturer le son des mots étranges à leur idiome, l'ont écrit بابه et
prononcé *Babih* [1].

זי, mot particulier au dialecte égypto-araméen, équivaut au די ou ד des Chaldéens, qui
possède une double signification, et répond tantôt à notre conjonction *de,* et tantôt à l'hébreu אשר ou ש, *qui, quæ, quod.* Il figure avec le premier de ces deux sens dans l'inscription de Carpentras, où on lit (ligne 1) : אלהא אוסרי זי תמנחא, *prêtresse du dieu Osiris,*
et sur le papyrus du duc de Blacas, nᵒ II, qui porte, à la ligne 1 : מלכא זי חבהרא על, *à
cause de la majesté du roi,* et à la ligne 3 : מלכא זי מליא, *les paroles du roi.* Voici deux
exemples de la seconde signification de cette particule : שנת בזה שבית זי ושביא, *et les
captifs que tu as jetés dans la captivité pendant cette année* (papyrus de Blacas, nᵒ I, fol. vᵒ,
l. 5) ; אבוהי לה ינתן זי, *ce que lui donnera son père* (papyrus de Blacas, nᵒ II, l. 1). C'est
dans cette dernière acception qu'il faut prendre, si je ne me trompe, le mot זי dans la phrase
dont nous nous occupons.

מחציב. Les premier, troisième et cinquième caractères de ce groupe sont certains ; il n'en
est pas de même des deux autres, dont une piqûre a fait disparaître les têtes : ce n'est qu'a-
près beaucoup de tâtonnements et de réflexions que je me suis décidé à considérer le second

[1] Voy. mon Extrait d'Al-Menoufy, dans le *Journal Asiatique* (cahier d'avril 1840, p. 101).

comme un ה et à prendre le quatrième pour un י. מתציב est le participe *ithpahel* du verbe
araméen צוב, *revenir, retourner, venir, arriver, rassembler, planter, fixer.* Pour déterminer laquelle de ces significations convient de préférence à notre passage, il faudrait connaître le sens général de la phrase dont ce mot faisait partie; malheureusement, nous n'avons
ici que la fin de cette phrase, le commencement ayant disparu avec les bords du papyrus.
Cependant, comme il est naturel de supposer que le mot se rapportait au nom qui le précède
immédiatement, celui du mois de *Paôphi,* nous choisirons, entre les diverses significations
attachées à la racine araméenne צוב, celle qui s'allie le mieux avec l'idée de temps, de mois,
c'est-à-dire celle d'*arriver* ou *s'écouler,* et nous traduirons la phrase entière פאפי זי מתציב
par : *De Paôphi, qui est s'écoulant* ou *courant.*

SUITE DE LA PREMIÈRE LIGNE ET COMMENCEMENT DE LA COLONNE. נפקחה בירח פאפי,
dépenses faites *dans le mois de Paôphi.* נפקחה, *les dépenses,* pluriel féminin, à la forme
emphatique. Ce mot, qui appartient au pur chaldaïque, n'a pas besoin d'autre explication.

בירח, *dans le mois.* ירח, *mois, lunaison.* C'est le sens ordinaire de ce mot dans le
chaldaïque; il est usité encore de nos jours chez les Orientaux qui parlent cette langue. On
sait que la célèbre inscription du sarcophage d'Eschmounazar commence par בירח, *au
mois de,* etc.

פאפי, *Paôphi.* Voyez ce qui a été dit ci-dessus au sujet de ce nom.

DEUXIÈME LIGNE. בו לפאפי, *le premier jour de Paôphi.* La barre perpendiculaire qui
vient après la proposition ב, *dans,* marque le chiffre 1. On sait que les Phéniciens, qui passent
pour être les inventeurs des signes de la numération, avaient coutume d'écrire les chiffres en
les séparant en groupes de trois. Notre papyrus offre plusieurs exemples de cet usage, qui
leur était, d'ailleurs, commun avec les Égyptiens.

לשרתא. שרתא peut dériver du substantif masculin שר, *chef, maître, prince,* et si-
gnifier *princesse, dame, maîtresse;* ou bien de la racine verbale שרת, qui, à la forme *pihel,*
veut dire *servir* (ministrare), et s'emploie spécialement pour désigner l'*action de pratiquer
les cérémonies d'un culte, d'accomplir le service divin;* il est permis aussi de considérer ce
mot comme écrit *defectivè* à la place de שרותא, qui, en chaldaïque, signifie *festin, banquet,
repas.* De ces trois significations, je préfère la dernière, parce qu'elle concorde davantage
avec l'ensemble de l'écrit, qui paraît avoir eu pour objet principal les dépenses domestiques
de quelque grand personnage égyptien.

חמר צידן ⟨ מצרין קלוי צידן חמר, *vin cuit de Sidon, une amphore; d'Égypte...* חמר צידן, *vin
de Sidon.* Ces deux mots étant très-distinctement tracés, leur interprétation n'offre aucune
difficulté; seulement, l'orthographe du nom de Sidon, dans lequel la lettre *iod* figure comme
mater lectionis, est à remarquer : c'est, je crois, la première fois que cette particularité paléographique se présente, car dans les épigraphes phéniciennes, où ce même nom se rencontre,
il se trouve toujours écrit *defectivè.*

קְלִיִי, *cuit.* C'est le participe *pahoul* du verbe קְלָה ou קְלָא, qui, en hébreu comme en chaldaïque, veut dire *brûler, rôtir, faire cuire, frire, torréfier.* L'expression de קְלִיִי, *brûlé, torréfié, consumé par le feu,* appliquée au vin, répond parfaitement à notre mot *cuit,* qualification que nous donnons au vin quand il a été soumis à une cuisson plus ou moins longue, et qu'il a ainsi été réduit au tiers, au quart, à la moitié ou autrement de sa quantité.

Le mot קְלִיִי est accompagné, à gauche, d'un signe dont la forme diffère de celle des autres caractères : placé obliquement au-dessus de la ligne, ayant la pointe tournée vers la droite et renflé dans la partie supérieure, il ressemble à un clou, ou plutôt à un cône renversé; c'est, si je ne me trompe, la figure d'une amphore, d'un vase quelconque, indiquant une mesure de liquides, l'image de la chose mise à la place du mot qui devrait l'exprimer, en d'autres termes, un véritable symbole dans le genre des hiéroglyphes. Un fait qui vient à l'appui de cette conjecture, c'est que, dans le texte de notre papyrus, lorsque les mots קְלִיִי et קְלָל sont suivis de chiffres qui indiquent plus d'une unité, le signe en question se trouve toujours omis : cela ne serait pas, probablement, si ce signe ne possédait pas une valeur idéographique, et ne marquait pas en même temps une mesure et une unité de cette mesure. Quant au nom et à la nature de cette mesure, nous n'affirmerons rien là-dessus, attendu que le système métrique des anciens peuples de l'Orient ne nous est pas suffisamment connu ; il serait pourtant possible qu'il s'agît ici d'une mesure équivalente au *hin* des Hébreux, lequel contenait 12 *log* ou 2 *chous* attiques, selon le témoignage de l'historien Josèphe [1].

..... מצרין, *des Egyptiens.* Ce mot, qui est placé à une certaine distance du précédent, commençait une phrase dont la fin a été emportée avec le bord du papyrus déchiré ou mutilé en cet endroit. Il était vraisemblablement accompagné du mot קְלִיל et du signe de la mesure dont il vient d'être question, comme cela se voit au milieu de la ligne suivante, ainsi qu'à la fin des lignes sixième, septième, neuvième et onzième.

TROISIÈME LIGNE. Sur le bord du papyrus, entre la deuxième et la troisième ligne, l'on aperçoit assez distinctement les mots : ◀ מצרין קְלֹוִי, qui appartiennent à une autre colonne et terminent une ligne. Ils signifient à la lettre : *Des Égyptiens* vin *cuit, une amphore,* interprétation dont je donnerai bientôt les raisons.

On lit dans la colonne, à la troisième ligne : בוו לפאפי לשרתא, *le second jour de Paóphi, pour un festin.* Je renvoie pour l'explication de chacun de ces mots à ce qui a déjà été exposé plus haut.

◀ מצרין קְלִיל, *des Égyptiens* vin *commun, une amphore.* Le mot קְלִיל est le participe *pahoul,* du verbe קְלָל, qui, en chaldaïque comme en hébreu, signifie *être vil, méprisable, commun.* Cette dernière expression, qui convient parfaitement au vin, désigne ici une qualité tout-à-fait différente de celle dont il est question dans la ligne précédente, et elle a été mise, en quelque sorte, en opposition avec celle de קְלִיִי *cuit,* qui emporte avec elle l'idée d'un vin non commun, c'est-à-dire exquis et excellent.

[1] Joseph. *Antiquit.* III, ix, § 4.

Quant au mot מצרין qui précède, je crois qu'il joue ici, comme à la deuxième ligne et ailleurs, le rôle de complément, et qu'il faut supposer devant lui l'ellipse du substantif חמר, *vin*.
Trois raisons viennent à l'appui de cette conjecture : la première, c'est l'impossibilité de faire
dépendre מצרין de שרתא, que l'on serait tenté, dès l'abord, de prendre pour l'antécédent de
מצרין ; en effet, le mot שרתא se trouvant à la forme emphatique et absolue, il ne doit pas
avoir de régime, car autrement l'on aurait écrit : לשרת מצרין, ou avec la préposition זי, *de :*
לשרתא זי מצרין. La seconde, c'est que le mot מצרין, *Égypte*, à la première et à la dixième
ligne, étant mis en opposition ou du moins en regard avec celui de צידן, *Sidon*, il nous est
permis de supposer à ces deux noms un antécédent commun ; or, l'antécédent du mot *Sidon*
étant חמר, *vin*, ce même nom doit l'être du mot מצרין. La troisième raison, enfin, c'est la
présence, à la ligne suivante, du mot חמר devant celui de מצרין, ce qui donne la phrase :
Vin de l'Égypte.

קלוי III, vin *cuit*, 3 amphores. Il est évident qu'avant קלוי il faut répéter le mot מצרין de
la phrase précédente, ainsi que celui de חמר qui est sous-entendu. Selon la coutume des gens
de sa profession, le commerçant ou l'économe qui a rédigé cette note, après avoir spécifié, au
commencement, les articles dont il avait à parler, s'est ensuite contenté de les indiquer d'une
manière abrégée, mais suffisamment claire pour ceux à qui elle était destinée. Ainsi dans notre
papyrus les mots laconiques *cuit, commun, Égypte,* signifient du *vin cuit,* du *vin commun,*
du *vin provenant de l'Égypte,* et le signe hiéroglyphique ◀ désigne une amphore.

Sur le bord du papyrus, à droite, entre la troisième et la quatrième ligne, je distingue avec
beaucoup de peine les mots suivants presque entièrement oblitérés :

קלוי III ◀ קלל, du vin *commun, une amphore ;* du vin *cuit, trois* amphores.

Je ferai remarquer que קלל est écrit *defectivè* au lieu de קלול, leçon que présente la troisième ligne. L'on verra que dans le texte de notre papyrus ce mot est écrit tantôt *plenè,*
tantôt *defectivè.*

QUATRIÈME LIGNE. Cette ligne débute par un groupe dont il n'est pas facile de déterminer
les trois premiers caractères, à cause de leur forme confuse et peu distincte. En effet, les
deux premiers semblent être réunis dans leur partie supérieure par une ligne qui va obliquement de droite à gauche, et puis l'on aperçoit, entre la troisième et la quatrième, un trait
isolé et très-court qui n'a rien de commun avec la forme des autres lettres et semble occuper
inutilement l'espace. Un premier examen avait eu pour résultat de me faire reconnaître dans
ce groupe le זהב, *or ;* mais ensuite la difficulté d'appliquer le sens attaché à ce mot au reste
de la phrase m'a amené à renoncer à cette lecture. Après une étude plus approfondie du papyrus, il m'a semblé que l'on devait considérer les deux premiers jambages comme consti-
tuant la lettre ח *heth,* et le troisième, avec le trait isolé qui l'accompagne, comme étant un
iod. La réunion des deux premiers caractères dans leur partie supérieure est due, sans doute,
à quelque frottement ou à une pression quelconque qui aura eu pour effet d'écraser la ma-

tière de l'encre, de l'étendre d'un caractère à l'autre, en affaiblissant en même temps le relief apparent de chacun d'eux, et de remplir de la sorte l'espace étroit qui devait les séparer.

La valeur de ces deux caractères étant ainsi établie et reconnue, il en résulte la leçon חיב, qui est un mot d'origine proprement chaldaïque et dérive de la racine bien connue חוב, *devoir, être débiteur,* etc.

חיב est un participe *pehil* ou passif de la forme קים, et signifie *dû,* ou *ce qui est dû.*

SUITE DE LA QUATRIÈME LIGNE. לצחא בר פמת, *à Soha, fils de Phoumath.*

Sohah et Phoumath sont deux noms propres sémitiques ; ils dérivent, l'un, de צחח, *être brillant, splendide, éclatant,* ou de צחה, *être aride, avoir soif ;* et l'autre, probablement de פום ou פומא, *bouche.*

Le mot בר, *fils,* appartient proprement au chaldaïque.

חמר מצרין, *vin de l'Égypte.* Entre le premier caractère de ce groupe, qui est un ח *heth,* et le dernier, qui est indubitablement un ר *resch,* il existe une lacune suffisante seulement pour contenir une lettre ; heureusement cette lettre ne se trouve pas entièrement oblitérée, et la forme du jambage qu'il en reste nous permet de la restituer et de lui assigner sa véritable valeur : c'est, à n'en pas douter, un מ *mem,* et le mot dont il fait partie doit se lire חמר, *vin.*

Le mot qui vient après se lit sans difficulté aucune מצרין, *des Égyptiens,* ou *de l'Égypte.* Joint au précédent, avec lequel il est en rapport de dépendance, il donne la phrase : *Vin de l'Égypte.*

Je passe à l'explication du mot מא, qui, avec quelques chiffres, termine la ligne.

מא II III II, *cent 7,* c'est-à-dire *sept cents.*

מא, *cent,* est écrit par abréviation à la place de מאה ou מאת, comme dans l'exemplaire 5 de la planche XIX de Mionnet. Ici, comme plus haut, le signe symbolique de la mesure ou amphore a été omis, parce qu'il s'agit de plus d'une unité. Dans l'inscription phénicienne de Marseille, le signe numéral de cent est figuré par un demi-cercle précédé d'une barre perpendiculaire et accompagné, au-dessus, d'une autre barre obliquement tracée ; sur les médailles il est formé par le groupe I•I ou I'I.

CINQUIÈME LIGNE. La lecture du premier groupe de cette ligne est loin de me paraître certaine : le dernier caractère est bien, à n'en pas douter, un *vav ;* mais les deux premiers, qui s'enjambent l'un l'autre et se présentent à moitié oblitérés, permettent beaucoup d'hésitation sur leur valeur ; il me semble pourtant reconnaître un ב *beth* dans le premier et un *ghimel* dans le second.

Si ma conjecture n'est pas une pure illusion, nous aurions la leçon בגו, mot composé qui, en chaldaïque, et surtout dans le langage des Talmudistes, signifie *au milieu,* et il faudrait traduire : *Au milieu de Paóphi ;* mais, je le répète, cette lecture n'est rien moins que certaine, et je ne la propose qu'avec beaucoup de doute et d'indécision.

Après ce premier groupe viennent les deux suivants : קְלוֹל •‖. קְלוִי ‖‖, qui sont accompa-gnés, l'un, de trois unités, et l'autre, de quatre : nous en avons précédemment déterminé le sens. Nous les traduirons donc : Vin *commun, trois* amphores; vin *cuit, quatre* amphores; seulement je ferai remarquer que le premier des trois chiffres qui suivent le mot קְלוֹל se trouve effacé sur le papyrus, et que dans ma transcription il a été remplacé par un point.

.....שׁ זְעֵר עֲלֶיךָ, *sur toi, jeune* (d'années?).....

La lecture de ces deux mots ne souffre aucune difficulté. עֲלֶיךָ, *sur toi,* est écrit suivant l'orthographe des Hébreux ; le chaldaïque voudrait עֲלָךְ. זְעֵר, *petit, jeune,* qui se lit זְעֵיר dans Daniel (VII, 8), et doit se prononcer *zeher,* est du chaldaïsme caractérisé. Le שׁ qui vient après était peut-être la première lettre du mot שְׁנִין, ou plutôt שָׁנִים, *années ;* certains linéaments que l'on aperçoit au haut de la ligne, après une lacune de deux caractères environ, et qui semblent former la partie supérieure d'un *mem,* donnent quelque fondement à cette supposition. L'emploi du pronom de la seconde personne est également à remarquer ; il en résulte que l'auteur de la note l'avait adressée à son correspondant, ou à son patron, en y parlant directement à sa personne.

La fin de la ligne offre une lacune qui devait contenir plusieurs mots, et qui malheureuse-ment ne pourra jamais être remplie.

SIXIÈME LIGNE. A partir de cette ligne, les bords du papyrus se trouvent mutilés dans toute sa longueur, et il y manque, au commencement de la colonne, deux ou trois groupes de ca-ractères. Le mot בְּכָל, qui est resté et se présente à nous le premier dans cette ligne incom-plète, est formé de כָּל, *tout, totalité,* et de la prépos. בְּ, *dans, sur, avec.*

עֲלֶיךָ קֳדָם עַמָּךְ, *sur toi, devant ton peuple.* Ces mots joints au précédent forment le com-plément d'une phrase initiale qui a disparu et dont le sens était peut-être celui-ci : *Obligation que tu as contractée en présence de ton peuple.* קֳדָם, *devant,* est une expression fort usitée chez les Araméens, et qui revient sans cesse sous la plume de Daniel, nommément dans les chapitres chaldaïques de cet auteur sacré et dans les Targum. Elle figure également dans l'inscription de Carpentras (ligne 3) et dans celle du Sérapéum qui se trouve au Musée égyptien du Louvre (ligne 3).

מִצְרִין קְלָל, *de l'Égypte,* vin *commun, une amphore.* Je fais de ces mots une phrase distincte de la précédente, en considérant מִצְרִין comme régime du substantif חֲמַר, *vin,* sous-entendu : j'en ai exposé plus haut les raisons ; cependant si l'on préfère ici faire concorder ce mot avec עַמָּךְ et le regarder comme apposé à ce dernier, ce qui donnerait le sens : *Ton peuple, les Égyptiens,* je ne m'y opposerai pas. Quant à קְלָל, il est écrit, comme l'on dit, *defectivè,* au lieu de קְלוִל que nous avons vu ci-dessus, ligne troisième. Il est vrai que קְלָל pourrait aussi se prononcer *kalal* ou *kolal* (voyez J. Buxtorfi *Lexicon Chaldaicum, Talmu-dicum et Rabbinicum,* à la racine קְלַל, col. 2040, et Edm. Castelli *Lexicon Syriacum,* publié et annoté par J.-D. Michaelis, à la racine קוּל, p. 784), et être pris dans l'acception de *jarre, cruche, baril, tonneau* (comparez avec le grec κολεός, qui a la même signification, avec l'hébreu גֻלָּה, *goullah*, et l'arabe قلة, *qollah* ou *ghollah*); mais, dans ce cas, la présence de la figure symbolique de la mesure qui accompagne ce mot serait difficile à expliquer, attendu qu'il formerait un double emploi et serait, par conséquent, superflu : cette raison me paraît suffisante pour rejeter cette lecture et m'en tenir à celle que je viens de proposer. En terminant ce que j'avais à dire sur le contenu de cette ligne, je dois faire remarquer que le צ du mot מצרין est oblitéré en grande partie, mais que ce qui est encore visible ne permet aucun doute sur la véritable valeur de ce caractère.

SEPTIÈME LIGNE. מצרין קלל ◄, *de l'Égypte,* vin *commun, une amphore.*
Cette ligne, comme on le voit, est très-courte, et si l'on compte les deux ou trois groupes de lettres par lesquels elle devait commencer et qui malheureusement ont disparu avec le tissu du papyrus, elle ne paraît pas avoir contenu autre chose. Pour l'explication des mots, je renvoie le lecteur à ce qui a été exposé ci-dessus.

HUITIÈME LIGNE. [קלל] ‖ מצרין קלל], vin *commun,* 2 *amphores;* vin *de l'Égypte commun*.....
Avant les deux ל qui apparaissent au commencement de cette ligne, je restitue un ק et lis sans hésitation קלל, *commun,* mot dont le sens nous est déjà connu. Le groupe qui vient après מצרין n'est pas d'une lecture aussi certaine. Il était vraisemblablement suivi du signe symbolique de l'amphore, ou bien d'un certain nombre de chiffres.

NEUVIÈME LIGNE. זי בצ[י]ני. La particule זי, *de* ou *ce qui,* était précédée d'un autre mot dont on aperçoit encore la dernière lettre ; mais la forme de cette lettre est tellement oblitérée, que ce serait une peine perdue que de vouloir en déterminer la valeur. בציני. Ce mot paraît composé de la préposition ב et du substantif ציין ou ציון, *tsioun,* qui en chaldaïque, et principalement dans le langage des Talmudistes, signifie *marque, note, mémoire* et *monument.* Au milieu du mot, c'est-à-dire entre le צ et le נ, un caractère a disparu par un effet de la vétusté du papyrus, qui est percé dans cet endroit : pour remplir cette lacune, et donner au mot ainsi restitué un sens qui cadrât avec l'ensemble du contexte, j'ai essayé successivement de plusieurs lettres, et ce n'est qu'après bien des recherches et des conjectures diverses, que je me suis arrêté à la leçon que je propose et qui me semble la plus raisonnable de toutes celles qui se sont présentées à mon esprit; car, soit qu'on lise ce mot au singulier ציוני *tsiouni,* soit qu'on le considère comme mis au pluriel et comme devant se prononcer *tsiounaï,* il aura une signification qui se rapporte au commerce, car dans le premier cas, il voudra dire : *Avec ma marque* ou *ma signature,* et dans l'autre, il pourra se traduire par : *Dans mes notes* ou *dans mes mémoires,* termes très-connus dans le langage des négociants et des gens d'affaires.

מצרין קלל ◄, *de l'Égypte* vin *commun, une amphore.*

Il suffira de faire remarquer ici que la première lettre du mot קלל est à demi-effacée, et qu'il n'en paraît guère que la première moitié.

DIXIÈME LIGNE. מצרין ◀ ציךן קלוי חמר לשרתא, *pour un festin, vin cuit de Sidon, une amphore ; de l'Égypte......*

Sur le bord mutilé de la ligne, l'on aperçoit une barre droite qui a toute l'apparence d'un caractère numéral. Cette observation nous amène à penser que cette ligne devait commencer par la préposition ב, *dans,* accompagnée d'un certain nombre de chiffres exprimant la date du mois, comme cela se voit, en plusieurs endroits, sur le *verso* de notre papyrus. Il ne paraît de la lettre ן qui termine מצרין que la partie supérieure, le reste de la ligne ayant été mutilé. Ce mot devait être suivi de la figure de l'amphore, ou bien de quelques chiffres indiquant des unités.

ONZIÈME LIGNE. ◀ קלל מצרין פחה ה .... *du gouverneur, de l'Égypte vin commun, une amphore.* פחה. La lecture de ce mot est parfaitement certaine. Il se rencontre avec la signification que nous venons de lui assigner dans les textes bibliques les plus anciens, mais plus fréquemment dans les auteurs sacrés qui ont écrit pendant ou après la captivité de Babylone, notamment dans Daniel, III, 2, VI, 8; dans Esdras, V, 3, XIV, 6 et 7; dans Néhémie, V, 14 et 18, XII, 26, et Malachie, I, 8. Il désigne un gouverneur de province, un préfet d'un rang inférieur à celui de satrape. Benfey, cité par Gesenius (*Thesaurus philologicus criticus linguæ hebrææ et chaldaïcæ,* à la racine פח, p. 1100), dérive ce mot du sanscrit PAKSCHA, en pracrit *pakkha, ami, compagnon,* nom que l'on donnait, chez les Indiens, aux gouverneurs de province, parce qu'ils étaient considérés comme les amis du roi, dont ils partageaient l'autorité, et comme associés à son empire. Avant le groupe פחה et sur le bord du papyrus, on découvre trois ou quatre traits ou linéaments à moitié oblitérés et séparés les uns des autres par un très-petit espace : ce sont, si je ne me trompe, les restes d'un ה.

DOUZIÈME ET DERNIÈRE LIGNE du fol. r° du papyrus. Cette ligne occupe le bord inférieur du papyrus, qui présente çà et là des échancrures plus ou moins profondes et se trouve horriblement maltraité par le temps : on n'y voit guère que des mots mutilés et des tronçons ou plutôt des bouts de caractères; néanmoins, à l'aide de ces débris et grâce aux formules déjà connues, il est permis de la restituer, sinon totalement, du moins en partie. En effet, il n'est pas difficile de reconnaître un ל dans la haste qui s'élève au commencement de la ligne; cette lettre faisait partie du mot לשרתא, que nous avons vu déjà tant de fois. Après une lacune de quelques caractères, vient un מ, dont la forme est presque intacte et, disons-le, à peu près irréprochable; il est probable que les trois traits qui accompagnent ce caractère et qui se suivent sur le haut de la ligne appartiennent aux lettres צרין du mot מצרין, *Égypte,* qui revient si souvent dans le reste du texte. Dans le groupe qui ferme la ligne l'on voit distinctement la haste d'un ל, et, avant cette haste, un trait perpendiculaire qui est peut-être

un débris d'un ק. Après cela viennent deux caractères tronqués, dont l'un peut être un *vav*
et l'autre un *iod*, ce qui donnerait le mot קלוי, qui accompagne quelquefois celui de מצרין.
Quant au trait épais, isolé et à moitié effacé par lequel se termine la ligne, rien ne s'oppose
à ce qu'on le prenne pour la figure qui représente une amphore, figure dont il ne serait resté
que la partie supérieure. Cette restitution de lettres et de mots admise, la ligne entière se
lit : ◄ לשרתא מצרין קלוי .... *pour un festin, de l'Égypte* vin *commun, une amphore.*

Transcription du papyrus, fol. v°.

1	◄ קלוי ◄ לשרתא קלל ◄ בו ııı
2	ıı ı לכיחך קלוי ı בו ııı
3	◄ לנקיה קדם אפתח אלהא רבא קלוי
4	◄ לנקיה קדם אסיר ••תי קלוי
5	◄ לשרתא חמר צידן קלוי
6	התוור ııı כלל לשרתא לנדר יומן הו זי לכיחך ıı בו ııı
7	כלוי •א קדם ııı ı•ı בו
8	עליך אנוומי •
9	◄ ••ל ıı ııı ı בו
10	••לוי• ◄ ••ııı ııı ıı בו
11	פינתא• •• עח מנוי
12	לכ••א••••
13	◄ ıı ••••••••ל

Avant d'entreprendre la traduction de la seconde partie du papyrus, nous ferons remarquer d'une manière générale qu'elle contient plusieurs des formules qui figurent dans la première; que, par ce fait, notre besogne se trouvant singulièrement abrégée, il nous suffira alors de renvoyer le lecteur aux explications qui ont été déjà données dans la première partie de ce travail.

PREMIÈRE LIGNE. ◄ קלוי ◄ קלל לשרתא ‏‏|||‏‏ בו, *le 4* (du mois), *pour un festin, du* vin *commun, une amphore; du* vin *cuit,* également *une amphore.*

Le nom du mois dont il s'agit ici a été omis, parce que apparemment il avait été déjà mentionné dans les lignes qui précédaient celle-ci, et qui malheureusement ont disparu. Ce mois était, comme nous allons le voir à la ligne suivante, celui de *Khoïhak.* Pour l'explication des autres mots, voyez ce qui a été dit aux pages 7, 8 et suivantes de ce Mémoire.

DEUXIÈME LIGNE. ‏‏|||‏‏ קלוי לכיחך ‏‏|‏‏ ‏‏|||‏‏ בו, *le 5 de Khoïhak, du* vin *cuit,* 3 *amphores.*

Le mois de Khoïhak, quatrième de l'année civile des Égyptiens, commençait le 27 ou le 28 novembre, et finissait le 26 ou le 27 décembre. Les auteurs arabes qui ont transcrit dans leur langue le nom de ce mois, le prononcent كيهك, en altérant légèrement l'orthographe originale, c'est-à-dire en transformant la lettre ח en ה.

TROISIÈME LIGNE. ◄ קלוי רבא אלהא אפתח קדם לנקיה, *pour une purification devant Phtah, le dieu grand,* vin *cuit, une amphore.*

לנקיה, mot composé de נקיה et de la prépos. ל, *à, pour, à cause de.* נקיה, *purification,* est un nom verbal de la forme chaldaïque *pahel* et dérive de la racine נקה, *être pur,* qui est commune à l'hébreu et à l'araméen.

קדם אפתח, *devant Phtah.* La forme du ח, dernier caractère du groupe אפתח, est un peu mutilée dans le texte original; le jambage gauche, amoindri par l'usure de l'encre, est devenu un trait allongé, mince et grêle, à peine visible, et la barre qui traversait le haut de la lettre et y réunissait l'extrémité des deux jambages, est à demi-effacée et s'arrête au milieu; malgré cette détérioration, il est impossible de se méprendre sur la valeur de ce caractère, qui est, à coup sûr, un ח.

De la détermination de cette lettre résulte la leçon אפתח que nous avons adoptée. Or, ce mot ne saurait être autre chose que le nom de la divinité égyptienne appelée *Phtah;* pour s'en convaincre, il suffit de peser le sens des mots dont il est suivi et précédé. En effet, nous voyons, d'une part, le personnage ainsi désigné qualifié de *dieu grand,* רבא אלהא, ce qui convient, à tous égards, à l'être divin que les Égyptiens vénéraient sous le nom de Phtah, et qu'ils plaçaient au premier rang dans leur Olympe; de l'autre, il est manifeste qu'il s'agit d'un acte religieux (נקיה, *purification*) qui avait nécessairement pour objet d'être agréable à quelque divinité. A ces deux raisons, qui me semblent péremptoires, s'en joint une troisième qui est aussi d'un grand poids : c'est que dans les monuments araméens qui sont arrivés jusqu'à nous, le mot קדם se trouve toujours ou presque toujours placé devant le nom d'une di-

vinité; c'est ainsi que, dans l'inscription du Sérapéum déjà citée, on lit : עבד קדם אוסרי חפי,
servant devant Osiris Apis, et que le monument de Carpentras porte deux fois la formule
קדם אוסרי, *devant Osiris*. Je sais bien que dans l'inscription phénicienne d'Ipsamboul, copiée
par M. Ampère, et reproduite ensuite dans *la Revue de philologie et d'histoire* (t. I, p. 500), le
nom du dieu Phtah se trouve écrit simplement et sans l'א initial, פתח, ce qui est la transcription
exacte de l'égyptien ⲡⲧⲁ (*Pth*) ; mais ce fait ne saurait infirmer la certitude de notre leçon,
car autre pouvait être l'orthographe et la prononciation de ce nom chez les Phéniciens, et
autre chez les Araméens. Je considère donc l'א qui précède le פ dans le nom dont nous dis-
cutons la lecture, comme purement *prosthétique* et comme destiné à faire sentir plus fortement,
devant la seconde lettre de ce mot, le פ ou ⲡ, qui, dans la langue égyptienne, devait se prononcer très-rapidement. Il y a dans les autres langues sémitiques des exemples de cet emploi
de l'א, au commencement de certains mots dont la première syllabe se compose également
de deux consonnes et ne forme qu'un son ; je me contenterai de citer, pour l'hébreu, les mots
אדרכון, *un darique*, pour דרכון ; אזרוע, *bras*, au lieu de זרוע ; אזרח, *indigène*, de la racine זרח ; dans la langue arabe on écrit et l'on prononce أَقْلِيم, *climat* (du grec κλίμα), au lieu
de قِلْم ; اِسْطَبْل, *écurie* (du grec στάβλιον), à la place de سَطْبَل, et اِسْطَوْل, *flotte* (du grec στόλος),
à la place de سَطْوَل. Les Araméens ne pouvant prononcer facilement les mots étrangers à leur
langue qui commençaient par deux articulations amalgamées ensemble, ont dû écrire et prononcer le nom du dieu égyptien *Ephtah* au lieu de *Phtah*, fait dont l'existence est attestée par
la leçon de notre papyrus, et qui, selon moi, est précieux pour la philologie et l'histoire des
langues.

אלהא רבא, *dieu grand* ou *puissant*. Ces deux mots sont du chaldaïsme le plus pur ; on
lit dans Daniel (II, 45) : אלה, רב, *un dieu grand*. L'hébreu voudrait : האלוה הגדול.

La forme emphatique אלהא se rencontre dans l'inscription de Carpentras, à la fin de la
première ligne, et sur le monument égypto-araméen du Vatican, à la fin de la ligne, qui est
unique ; il se lit au pluriel et au cas construit avec le pronom affixe de la troisième personne,
אלהיהם, *leurs dieux*, au fol. r° du premier fragment de Blacas, à la deuxième ligne, avec
le mot מצרין, *Égypte*, dans ce même fragment, ligne huitième, ainsi que dans le second
fragment fol. r°, à la deuxième ligne [1].

QUATRIÈME LIGNE. לנקיה קדם אסיר ..חן, *pour une purification devant Osiris*, mon....
.... *du* vin *cuit, une amphore.*

Cette ligne commence comme la précédente par le mot לנקיה, *pour la purification ;* vient
ensuite la prépos. קדם, *devant,* qui se trouve tracée en plus petits caractères et placée un peu
au-dessus de l'alignement des autres lettres. La lecture du groupe qui suit dépend de la détermination du second caractère, qui, dans notre papyrus, apparaît pour la première fois. Or,
je n'hésite pas à le prendre pour un פ, car dans l'alphabet araméen il n'y a pas de lettre dont

<hr>

[1] Voy. Gesenius, *Scripturæ linguæque Phœniciæ Monumenta,* pl. LXXI, LXXIV et LXXV.

la physionomie offre plus de ressemblance avec la nôtre. Il est vrai que la partie supérieure
est ici moins développée, mais elle présente les traits qui caractérisent particulièrement cette
lettre, je veux dire les deux ou trois crochets dont elle est ordinairement couronnée; seulement
les crochets croisent ici obliquement le haut de la haste et se trouvent très-courts, soit que
l'on ait voulu ménager l'espace, soit que la lettre eût subi une modification dans sa forme, à
l'époque où vivait l'auteur du papyrus, soit pour toute autre raison à nous inconnue. Les con-
venances de l'interprétation, dont il faut aussi tenir compte, ne permettent pas, d'ailleurs,
de donner à notre caractère une autre valeur alphabétique; en effet, le mot קדם qui précède
exige après lui le nom d'une divinité, et ce nom sera celui d'*Osiris*, si nous admettons la valeur que je propose; supposez-en une autre quelconque, il vous sera impossible de reconnaître
dans le groupe que nous examinons le nom d'une divinité connue. אסיר, *Osir*, est donc la
lecture que j'adopte; mais, avant de passer outre, je dois faire remarquer que cette manière
de traduire le nom de cette divinité égyptienne est particulière à notre papyrus, car, dans les
autres inscriptions, soit phéniciennes, soit araméennes que nous possédons, ce mot se trouve
autrement écrit : dans la Ire maltaise, il se lit deux fois אסר, dans les noms propres עבדאסר
Abdosir, אסרשמר, *Osirchamar*; trois fois אוסרי sur le monument de Carpentras, qui présente la même formule que notre papyrus, קדם אוסרי, *devant Osiris*; et dans l'inscription
araméenne du Sérapéum, une fois אוסרי, et une autre, אוסחרי.

Après le mot אסיר, *Osir*, apparaît, au bas de la ligne, un petit trait qui pourrait bien être
un reste de la lettre *iod*, complémentaire du nom d'Osiris.

Entre ce trait et la syllabe חי qui appartient au groupe suivant, on entrevoit les deux jambages d'un caractère oblitéré dont il serait difficile, pour ne pas dire impossible, de déterminer la valeur; le groupe entier doit-il se lire אמחי, *mon appui*, חקחי, *ma loi, ma règle*,
ou autrement? C'est ce que je laisse à de plus habiles que moi à décider.

CINQUIÈME LIGNE. לשרתא חמר צידן קלוי, *pour un festin, du vin cuit de Sidon, une
amphore.*

C'est la troisième fois que cette formule se représente dans notre papyrus; il serait superflu
de répéter ici l'explication qui en a été déjà donnée.

SIXIÈME LIGNE. Sur le bord du papyrus, à droite, entre la cinquième et la sixième ligne,
on lit distinctement le mot התוור, qui appartient à la colonne précédente et termine une ligne.
התוור, *hatour*, mot que les écrivains grecs prononcent Ἀθώρ et Ἀθύρ, et les Arabes هاتور,
transcription plus conforme à l'orthographe de l'original égyptien ϩⲞⲢ, est susceptible de
deux acceptions : d'après l'une, nous aurions le mois égyptien de ce nom, lequel venait après
celui de Paôphi, et commençant le 28 ou le 29 octobre, finissait le 26 ou le 27 novembre ;
d'après l'autre, ce serait ici le nom d'une divinité égyptienne, appelée *Athor*, qui n'est autre
que la Vénus des Grecs et des Latins, l'Astarté ou l'Aschtoreth des Phéniciens et des Hébreux.
A laquelle de ces deux significations faut-il s'arrêter de préférence? C'est ce que rien n'indique, et ce que, par conséquent, il nous est impossible de savoir.

TRANSCRIPTION ET INTERPRÉTATION DE LA SIXIÈME LIGNE. בו‎|||‎ לכיחך זי הו יומן לנדר‎ ‎לשׂרתא קלל‎ |||. *Le 6 de Khoihak, jour qui a été consacré par nous à l'accomplissement d'un vœu* (litt. *qui est notre jour pour un vœu*); *dépenses pour un festin, vin commun, 3 amphores.*

Cette ligne est, je crois, complète, et il n'y manque rien à la fin, si ce n'est peut-être un ou deux chiffres. De la lecture de l'ensemble il résulte un sens parfaitement clair et qui ne semble pas avoir besoin d'explications ; cependant, pour ne pas m'écarter de la méthode que je me suis imposée dès le commencement de ce travail, je vais justifier mon interprétation par l'analyse de chaque mot en particulier, et en établissant la valeur d'un certain nombre de caractères dont la forme ne paraît pas nettement dessinée.

לכיחך‎, *de Khoihak.* C'est, comme nous l'avons vu précédemment, le nom du quatrième mois de l'année civile des Égyptiens. זי הו‎, *qui est.* זי‎ nous est également connu, et nous savons qu'il répond à la particule conjonctive אשר‎ des Hébreux et au זי, ד‎ des Chaldéens. הו‎, *lui,* pronom de la 3ᵉ pers. masc. au nombre sing., tient ici la place du verbe *être :* c'est un idiotisme très-usité dans les langues sémitiques, qui n'aiment pas l'emploi de ce verbe et le remplacent ordinairement par les pronoms personnels.

יומן‎, *notre jour,* se compose du substantif יום‎, *jour,* qui s'accorde en nombre et en genre avec son antécédent הו‎, et du pronom affixe de la 1ʳᵉ pers. plur. ן‎, *de nous,* qui en chaldaïque se prononce *an,* et *enou* en hébreu. Il est probable qu'ici il avait le son en usage chez les Chaldéens.

לנדר‎, *pour un vœu.* Les traits des deux derniers caractères de ce groupe sont un peu indécis ; cependant ils ne sont pas oblitérés à tel point, qu'ils puissent donner lieu à quelque doute. Le mot נדר‎, *vœu,* se lit dans un grand nombre d'épigraphes puniques découvertes dans le nord de l'Afrique, et il y figure sous la double forme de verbe et de substantif dans la formule si souvent répétée : נדר אשׁ נדא‎, *vœu qui a été voué,* c'est-à-dire consacré par un *tel,* etc.

La ligne entière se termine par les mots connus לשׂרתא קלל‎ *pour un festin,* vin commun, etc.

SEPTIÈME LIGNE. Sur le bord du papyrus, à droite, on lit le mot connu קליו‎, *cuit,* suivi du symbole de la mesure ; le tout termine une ligne qui appartenait à une autre colonne. Celle que nous examinons porte ce qui suit : בו‎ ||| ||| קדם א‎..., *le 7* [de Khoihak], *devant* [Osiris ou Phtah]...

L'א‎ qui vient après קדם‎ est, selon toutes les apparences, l'initiale du nom de quelque divinité, soit d'Osiris, soit de Phtah. A partir d'ici le papyrus se trouve mutilé dans toute sa longueur ; il n'est resté que le commencement des lignes, des chiffres, des tronçons de phrase et des mots incomplets.

HUITIÈME LIGNE. עליך אנו ומי‎, *sur toi, nous et quiconque.*

La lecture du premier groupe n'offre aucune difficulté, et le sens qui en résulte est certain.

אנו, *nous,* est une forme hébraïque, mais rare, du pronom isolé de la 1re pers. au plur.; le chaldaïque voudrait אנן ou אנחנא. Il en est de même de מי, *quiconque,* qui en chaldaïque se dit מן (*man*).

Une remarque importante permet toutefois de donner à ce passage une autre interprétation. Dans le texte original, le *vav* qui termine le mot אנו se trouve très-rapproché de celui par lequel commence le groupe ומי, et les deux mots paraissent réellement n'en former qu'un : *Anoûmi, Enoûmi, Onoûmi,* telle serait la leçon qui serait la conséquence de ce groupement; mais alors ne faudrait-il pas y reconnaître le nom d'une personne et peut-être la transcription du grec Εὐνόμιος, Eunomius? Je me contente d'émettre ce doute.

NEUVIÈME LIGNE. ..... בו‎ ‏III III II ל, *le 9 du* [mois de Khoihak]. C'est tout ce qui reste de cette ligne. Je considère le ל qui vient après les chiffres comme l'initiale du mot לכיחך, comme à la deuxième et à la sixième ligne.

DIXIÈME LIGNE. Entre cette ligne et la suivante, sur le bord du papyrus, l'on aperçoit un *iod* accompagné de la figure de la mesure; il est hors de doute que cette lettre était la dernière du mot קלוי, *cuit,* si souvent répété dans notre texte.

La ligne dixième de notre colonne ne contient que des chiffres précédés de la préposition ב, de cette manière : בו‎ ‏III III III, c'est-à-dire *le* 10 [du mois de Khoihak]...

ONZIÈME LIGNE.... עת מנוי ה, *temps compté, h...*

Bien que le ת, second caractère du mot עת, *temps,* soit mutilé, et qu'il n'en paraisse que le jambage gauche, il serait difficile de voir là une autre lettre. La nécessité de l'interprétation rend, d'ailleurs, certaine la valeur que nous assignons à ce caractère : en effet, le mot מנוי, qui vient après et avec lequel il s'accorde, signifiant *compté,* il exige un nom qui implique une idée de temps plutôt que toute autre.

מנוי, *compté,* est une forme hébraïque; c'est le participe *pahoul* du verbe מנה, *compter, supputer, assigner,* etc., en chaldéen, מנא.

Remarquons que le temps compté dont il est ici question se rapporte, selon toute probabilité, aux mois et aux jours des mois mentionnés dans le texte de notre papyrus.

Le ה qui vient ensuite, est l'initiale d'un mot qui a disparu avec le reste de la ligne ; il suffit de constater sa présence : toute autre explication serait hasardée.

DOUZIÈME LIGNE. Entre cette ligne et la suivante, sur les bords du papyrus, on lit très-distinctement פינתא. En considérant la lettre qui accompagne le פ comme *mater lectionis* ou lettre faisant fonction de voyelle, l'on obtient le mot פנתא, qui est de forme chaldaïque et veut dire *angle, coin, fondement, article.*

לב...א. Les deux premiers caractères de ce groupe sont notoirement, l'un, un ל, et l'autre, un ב; le dernier, qui est un א, présente une forme également très-distincte; mais entre celui-ci et le כ, l'espace est occupé seulement par des traits incomplets et isolés et par les traces à peine reconnaissables de deux ou trois lettres au plus. En supposant que ces lettres soient *iod, heth, caph,* l'on aura affaire avec le mot לכיחך, *de Khoihak,* qui est bien connu ; mais la présence de l'א final, qui fait évidemment partie du mot, s'oppose à cette conjecture et nous force d'avoir recours à une autre. En attendant qu'un autre OEdipe vienne nous donner la clef de l'énigme, je propose de restituer au milieu du mot les trois lettres הני, et de lire avec moi לכהניא, c'est-à-dire *aux prêtres* ou *pour les prêtres.*

TREIZIÈME ET DERNIÈRE LIGNE. La haste supérieure d'un ל, au commencement, et deux ou trois traits à peine visibles, débris informes d'un caractère ou d'un chiffre, vers le milieu, c'est tout ce qui reste de cette malheureuse ligne, qui laisse après elle le silence et l'obscurité, comme pour se venger des outrages qu'elle a reçus du temps.

Après avoir fait l'analyse et donné l'explication de tous les mots qui se rencontrent dans le texte araméen, nous allons mettre sous les yeux du lecteur le résultat entier de notre travail, c'est-à-dire la traduction française des deux côtés du papyrus.

Traduction du papyrus, fol. r°.

1. De Paôphi, mois courant.	Dépenses faites dans le mois de Paôphi.
2.	Le 1 de Paôphi, pour un festin, vin cuit de Sidon, 1 amphore ; *vin* d'Égypte......
3. ...... *vin* cuit d'Égypte, 1 amph.	Le 2 de Paôphi, pour un festin, *vin* commun d'Égypte, 1 amphore ; *vin* cuit, 3 *amphores.*
4. .... *vin* cuit, 3 *amph.*	Dû à Soha bar-Phoumath, vin d'Égypte, 700 *amph.*
5.	Au milieu *du courant mois,* vin *commun,* 3 *amph.; vin* cuit, également 3 *amph.;* sur toi, ô jeune *homme....*
6.	.... avec tout cela sur toi, devant ton peuple, *vin* d'Égypte commun, 1 amphore.
7.	vin d'Égypte commun, 1 amphore.
8.	commun, 2 *amph.; vin* commun.....
9.	qui est avec ma marque, *vin* d'Égypte commun, 1 amph.
10.	pour un festin, vin cuit de Sidon, 1 amph.; d'Égypte........
11.	du gouverneur, *vin* d'Égypte, 1 amph.
12.	pour [un festin]... *vin* cuit, 1 amphore.

Traduction du papyrus, fol. v°.

1. Le 4 *de Khoihak*, pour un festin, *vin* commun, 1 amph.; *vin* cuit, également 1 amphore.

2. Le 5 de Khoihak, *vin* cuit, 3 *amph.*.

3. Pour une purification devant Phtah, dieu très-grand, *vin* cuit, 1 amphore.

4. Pour une purification devant Osiris, …. *vin* cuit, 1 amphore.

5. Pour un festin, vin cuit de Sidon, 1 amph.

6. Le 6 de Khoihak, jour consacré par nous à l'accomplissement d'un vœu, pour un festin, vin commun, 3 *amphores*.

7. Le 7 *de Khoihak*, devant O[siris]….

8. Sur toi, nous et quiconque…….

9. Le 9 [*de Khoihak*]

10. Le 10 [*de Khoihak*]

11. Le temps compté…

12. Pour les [*prêtres*]…

13. Pour…

….. Hathôr.

…. cuit, 1 amph.

…. cuit, 1 amph.

…. *vin* cuit, 1 amph.

….. de l'angle…

Le texte dont nous venons de donner la traduction fournit matière à plusieurs observations grammaticales et philologiques. Nous avons dit, au commencement de ce travail, que notre papyrus appartient à la classe des textes connus généralement sous le nom de monuments épigraphiques égypto-araméens, qui se distinguent non-seulement par la forme particulière des lettres, mais encore par le caractère de la langue, qui est de l'araméen mêlé d'hébreu. Considéré sous ce double rapport, il nous offre les particularités suivantes. D'abord, sur les quarante-trois mots sémitiques qu'il contient, vingt-neuf sont communs à l'hébreu et à l'araméen, huit sont propres seulement à ce dernier dialecte, et cinq appartiennent à la langue égyptienne. Parmi les trente qui reconnaissent une origine commune, les uns ont gardé la forme hébraïque, les autres se présentent avec une terminaison chaldaïque. Voici la liste de tous ces mots, selon la division qui vient d'être indiquée et avec les désignations qui leur conviennent :

MOTS QUI ONT UNE RACINE COMMUNE AVEC L'HÉBREU.

1. אלהא, *Dieu*, l. 3, fol. v°.
2. אנו, *nous*, l. 8, fol. v°.
3. ב, *dans*, l. 1, 2, 5, 6, fol. r° et *passim*.
4. הו, *lui*, l. 6, fol. v°.
5. חמר, *vin*, l. 2, 4, 10, fol. r°, et l. 5, fol. v°.
6. יום, *jour*, l. 6, fol. v°.
7. ירח, *mois*, l. 1, fol. r°.
8. כל, *totalité*, l. 6, fol. r°.
9. כהניא, *prêtres*, l. 12, fol. v°.
10. ל, *à, pour*, l. 2, 3, 4 et *passim*, fol. r°, et *passim*, fol. v°.
11. מאה, *cent*, l. 4, fol. r°.
12. מי, *quiconque*, l. 7, fol. v°.
13. מנוי, *compté*, l. 11, fol. v°.
14. מצרין, *Égypte*, l. 2, 3, 4, 6 et *passim*, fol. r° et v°.
15. נדר, *vœu*, l. 6, fol. v°.
16. נקיה, *purification*, l. 3 et 4, fol. v°.
17. עלי, *sur*, l. 5 et 6, fol. r°, et l. 7, fol. v°.
18. עם, *peuple*, l. 6, fol. r°.
19. עת, *temps*, l. 11, fol. v°.
20. פחה, *gouverneur*, l. 11, fol. r°.
21. פינתא, *angle*, l. 11, fol. v°.
22. פמת, *Phoumath* (bouche), l. 4, fol. r°.
23. צידן, *Sidon*, l. 2 et 10, fol. r°, et l. 5, fol. v°.
24. צחא, *Soha* (nom propre), l. 4, fol. r°.
25. ציון, *marque*, l. 9, fol. r°.
26. קדם, *devant*, l. 6, fol. r°, et l. 3, 4 et 7, fol. v°.
27. קלוי, *cuit, rôti*, l. 2, 3, 5, 10, fol. r°, et l. 1, 2, 3, 4 et 5, fol. v°.
28. קלול, *vil, commun*, l. 3, 5, 6, 7 et *passim*, fol. r°, et l. 1 et 6, fol. v°.
29. רבא, *grand*, l. 3, fol. v°.

MOTS QUI SONT PROPRES SEULEMENT A L'ARAMÉEN.

1. בר, *fils*, l. 4, fol. r°.
2. גו, *milieu*, l. 5, fol. r°.
3. זי, *qui, que*, l. 1 et 9, fol. r°, et l. 6, fol. v°.
4. זער, *petit, jeune*, l. 5, fol. r°.
5. חיב, *dû*, l. 4, fol. r°.
6. מתציב, *venant, s'écoulant*, l. 1, fol. r°.
7. נפקתה, *dépenses*, l. 1, fol. r°.
8. שרותא, *festin, repas*, l. 2, 3 et 10, fol. r°, et l. 1, 5 et 6, fol. v°.

MOTS DE FORME CHALDAÏQUE.

1. אלהא, *Dieu*, l. 3, fol. v°.
2. בהניא, *prêtres*, l. 12, fol. v°.
3. מצרין, *Égypte*, l. 2, 3 et *passim*, fol. r°.
4. נקיה, *purification*, l. 3 et 4, fol. v°.
5. נפקתה, *dépenses*, l. 1, fol. r°.
6. פחה, *gouverneur*, l. 11, fol. r°.
7. פינתא, *angle*, l. 11, fol. v°.
8. פמת, *bouche*, l. 4, fol. r°.
9. צחא, *Soha*, l. 4, fol. r°.
10. רבא, *grand*, l. 3, fol. v°.
11. שרותא, *festin, repas*, l. 2, 3 et 10, fol. r°, et l. 1, 5 et 6, fol. v°.

Les mots qui ne sont pas compris dans la liste précédente, tels que חמר, *vin*, יום, *jour*, ירח, *mois*, מנוי, *compté*, קלוי, *cuit*, קלול, *commun*, etc., au nombre de seize, sont de forme hébraïque; il faut cependant excepter les cinq suivants, qui appartiennent à la langue égyptienne :

1. אפתח, *Phtah*, l. 3, fol. v°.
2. אסיר, *Osiris*, l. 4, fol. v°.
3. התור, *Hathôr*, l. 6, fol. v°.
4. כיחך, *Khoihak*, l. 2 et 6, fol. v°.
5. פאפי, *Paôphi*, l. 1, 2 et 3, fol. r°.

Si nous considérons notre texte sous le rapport grammatical, nous y voyons représentées presque toutes les parties du discours. En effet, l'on y trouve des pronoms affixes et isolés, le pronom relatif, un pronom indéfini, quatre prépositions, la conjonction ו, *et*, des substantifs à la forme emphatique et à l'état construit ou suivi d'un régime ; le verbe y est représenté cinq fois au mode participe et deux fois à l'infinitif.

PRONOMS AFFIXES.

י, *de moi*, pronom affixe de la 1re pers, au sing., dans le mot בצירני, *avec ma marque*, l. 9, fol. r°.

ן, *de nous*, pronom affixe de la 1re pers. au pl., dans le mot יומן, *notre jour*, l. 6, fol. v°.

ך, *de toi*, pronom affixe de là 2e pers., dans les mots עליך, *sur toi*, l. 5, fol. r°, et l. 8, fol. v°, et עמך, *ton peuple*, l. 6, fol. v°.

PRONOMS ISOLÉS.

הו, *lui*, pronom de la 3e pers., l. 6, fol. v°.

אנו, *nous*, pronom de la 1re pers. au pl.

PRONOM RELATIF DÉFINI.

זי, *qui, que*, l. 1 et 9, fol. r°, et l. 6, fol. v°.

PRONOM RELATIF INDÉFINI.

מי, *quiconque*, l. 8, fol. v°.

PRÉPOSITIONS.

ב, *dans, sur, avec*, l. 1, 2, 5, 6, 9 et *passim*, fol. r°.

ל, *à, pour, à cause de*, l. 2, 3, 4, fol. r°, et l. 2, 3, 4, 6 et 13, fol. v°.

על, עלי, *sur, au-dessus, autour de :* עליך, *sur toi*, l. 5 et 6, fol. r°, et l. 8, fol. v°.

קדם, *devant, en présence de*, l. 6, fol. r°, et l. 3, 4 et 7, fol. v°.

CONJONCTION.

ו, *et*, l. 8, fol. v°.

SUBSTANTIFS ET ADJECTIFS A LA FORME EMPHATIQUE.

אלהא, *le Dieu*, l. 3, fol. v°.

נפקתה, *les dépenses*, l. 1, fol. r°.

רבא, *le grand*, l. 3, fol. v°.

SUBSTANTIFS A L'ÉTAT CONSTRUIT.

בירה פאפי, *dans le mois de Paôphi*, l. 1, fol. r°.

חמר צידן, *vin de Sidon*, l. 2 et 10, fol. r°, et l. 5, fol. v°.

VERBES AU MODE PARTICIPE.

חיב, l. 4, fol. r°, participe *pehil* de la racine chaldaïque חוב, *devoir, être débiteur*.

מנוי, l. 11, fol. v°, participe *pahoul* de la racine מנה, *compter*.

קלוי, l. 2, 3, 5, 10, fol. r°, et l. 1, 2, 3, 4 et 5, fol. v°, participe *pahoul* de la racine קלה, *rôtir, cuire, faire frire*.

קלול, l. 3, 5, 6 et *passim,* fol. r°, et l. 1 et 6, fol. v°, participe *pahoul* de la racine קל = קלל, *être vil, commun, ignoble.*

מתפיב, l. 1, fol. r°, participe *ithpahel* de la racine chaldaïque צוב, *revenir, venir, être présent, assister, rassembler, planter.*

VERBE A L'INFINITIF.

נקיה, l. 3 et 4, fol. v°, infinitif *pahel* de la racine נקה, *être pur, innocent.*

Une particularité à remarquer dans le texte dont nous étudions les éléments, c'est l'absence de l'article hébreu ה, qui figure dans les inscriptions phéniciennes les plus anciennes, telles que celles de Marseille et du monument funéraire d'Eschmounazar, roi de Sidon, et qui est remplacé ici par l'א mis à la fin des mots, là où l'hébreu et le phénicien placeraient le ה au commencement ; ainsi, l. 3, fol. v°, nous lisons : אלהא רבא, *le dieu grand,* ce que les Hébreux auraient exprimé par : הָאֱלוֹהַ הַגָּדוֹל.

Une autre observation qui est également digne de remarque et ne doit pas nous échapper, c'est que la particule זי, qui, dans le papyrus de Blacas et dans l'inscription de Carpentras, est employée dans les deux acceptions que possède le די des Chaldéens, c'est-à-dire comme pronom relatif et comme particule exprimant un rapport de régime entre deux substantifs, ne se présente nulle part dans notre texte avec cette dernière valeur. C'est ainsi qu'on y lit : ירח פאפי, *mois de Paôphi,* חמר צידן, *vin de Sidon,* חמר מצרין, *vin d'Égypte,* ce qui aurait pu se dire aussi bien : חמר זי צידן, חמרא *ou* חמר זי מצרין, ירחא *ou* ירח זי פאפי.

La construction employée dans notre papyrus est commune à l'hébreu et au chaldaïque ; l'autre est propre seulement à ce dernier dialecte. De cette préférence pour la construction hébraïque, il est permis de conclure que le génie de cette langue devait dominer dans l'araméen, dans lequel notre texte a été rédigé, et que le peuple qui le parlait a dû être mêlé longtemps aux Hébreux et aux Cananéens : c'est un fait que l'on peut aussi déduire de la forme de l'alphabet qui figure dans notre papyrus, et qui est, comme on va le voir, un mélange de l'alphabet chaldaïque et de celui des anciens Phéniciens.

Je regarde comme un fait constant que l'écriture phénicienne et l'écriture araméenne avaient, dans le principe, un alphabet commun, et que ce n'est que longtemps après son invention qu'elles ont commencé à se distinguer l'une de l'autre et à former chacune une famille à part ; d'un autre côté, il n'est pas moins certain que l'ancien alphabet qui se retrouve sur les médailles asmonéennes, et s'est même conservé jusqu'à nos jours chez les Samaritains de la Palestine, était identique à celui des Phéniciens et des Cananéens, et que c'est improprement que l'écriture carrée des Juifs est appelée *hébraïque,* puisqu'elle n'a été introduite chez eux qu'à une époque relativement moderne, c'est-à-dire après la captivité de Babylone, et seulement pour la transcription des textes sacrés. Ces deux points admis, je dis que le caractère de l'alphabet de notre papyrus est un mélange de formes hébraïques et de formes araméennes. Pour s'en convaincre, il suffit de jeter un coup d'œil sur les anciens alphabets

de ces deux langues et de les comparer avec celui que nous fournit le texte égypto-araméen
de notre papyrus ; l'on reconnaîtra facilement que celui-ci a emprunté une partie de ses caractères à l'ancien alphabet des Hébreux, et une partie à celui des Araméens de la Syrie et de
la Chaldée. L'on trouvera ainsi que sur les vingt-deux lettres dont il se compose, sept sont
de forme phénicienne et appartiennent à l'alphabet primitif des Juifs, et quatorze ont une
origine araméenne. Les sept de forme phénicienne ou hébraïque sont les suivantes : *aleph,
ghimel, caph, samech, pé, koph* et *thav;* les autres sont de forme araméenne ou chaldaïque,
savoir : *beth, daleth, hé, vav, zaïn, heth, teth, iod, lamed, mem, noun, aïn, tsadé, resch*
et *schin.*

De cette comparaison il résulte qu'un tiers environ de l'alphabet égypto-araméen est d'origine hébraïque et phénicienne, tandis que le reste est tiré de l'alphabet araméen : c'est à peu
près la proportion dans laquelle nous avons reconnu que les mots hébreux ou de forme hébraïque entraient dans le texte que nous analysons.

Une langue, ainsi composée d'éléments divers et de formes différentes, suppose, chez le
peuple qui l'a parlée, des changements politiques et des révolutions qui, l'ayant jeté hors de
sa patrie ou soumis longtemps au joug de l'étranger, ont modifié peu à peu son premier
langage, en y introduisant des mots nouveaux et des formes étrangères. Ce peuple a dû ha-
biter plus ou moins longtemps le pays de Canaan, puisque sa langue contient un certain
nombre de mots et de formes empruntés à cette région ; mais il n'en était pas vraisemblablement originaire, puisque dans le dialecte dont il faisait usage, c'est l'araméen ou chaldaïque
qui prédomine. Or, de tous les dialectes sémitiques parlés dans l'ancien pays de Canaan
et dont l'antiquité nous a légué des monuments, celui qui offre le plus d'analogie et de ressemblance avec le texte de notre papyrus, c'est, sans contredit, le samaritain que nous con-
naissons par la version du Pentateuque, par les hymnes chantées les jours de sabbath dans
les synagogues de cette nation, et par les correspondances de ses grands-prêtres dans ces
derniers temps. Toutefois il n'est pas probable que l'usage de ce dialecte soit resté confiné
dans les limites de la Palestine ; il a dû s'étendre aux contrées voisines et devenir commun
dans la Phénicie, après que le chaldaïsme eut envahi les parties occidentales de l'Asie, à la
suite des conquêtes des rois de Perse et d'Assyrie, et qu'il s'y fut ainsi opéré une grande
fusion de langues et de peuples.

C'est sous la domination de ces rois, et surtout sous Darius, fils d'Hystaspes, que l'Égypte,
subjuguée par les Perses, ouvrit ses portes aux races sémitiques disséminées dans leur vaste
empire, et que des colonies de Syriens, de Chaldéens, et même de Juifs, vinrent s'établir sur
les bords du Nil ; car je ne parle pas des captifs babyloniens qui, sous le règne du fameux
Sésostris, avaient fondé en Égypte une ville dont le nom rappelait celui de leur métropole [1], ni
des Tyriens qui, du temps d'Hérodote, occupaient tout un quartier de Memphis [2], ni des ha-

[1] Diodore de Sicile, l. I, sect. II.
[2] Hérod., l. II, ch. CXII.

bitants de la Judée qui, après la ruine de Jérusalem par Nabuchodonosor, étaient allés se fixer dans le royaume des Pharaons[1], ni des cinq villes dont il est parlé dans Isaïe, et où les Hébreux avaient conservé avec leur langue la religion de leurs pères[2].

La conquête de l'Égypte par Alexandre le Grand fut encore plus favorable à l'établissement des Asiatiques dans cette contrée; en effet, l'historien Josèphe nous apprend que Ptolémée Soter fit transporter dans ses États la plupart des habitants des montagnes de la Judée et de la Samarie, et que, connaissant en particulier la fidélité avec laquelle les Juifs observaient leur serment, il leur avait confié la garde de plusieurs places fortes et leur avait donné, ainsi qu'aux Samaritains, droit de bourgeoisie dans la ville d'Alexandrie. « Ces avantages joints à la fertilité naturelle du pays attirèrent en Égypte, dit le même historien, une foule d'autres Juifs qui s'y établirent de leur propre gré et d'une manière définitive. » Nous voyons même que plus tard, sous le règne de Ptolémée Philométor, ils obtinrent la permission de bâtir à Bubaste, près de Léontopolis, dans le nome d'Héliopolis, un temple semblable à celui de Jérusalem[3]. Les Juifs, les Samaritains, les Phéniciens, les Syriens et les Chaldéens établis dans l'empire des Ptolémées, vivant ensemble sous la protection éclairée de ces princes, et parlant tous la même langue ou des dialectes d'une langue commune, se partageaient le commerce de cette riche contrée, où ils attiraient d'ailleurs les richesses des autres nations : c'est, sans contredit, à cette période de l'histoire de l'Égypte qu'appartiennent les divers monuments égypto-araméens qui sont parvenus jusqu'à nous, et, en particulier, celui dont nous nous occupons. La langue dans laquelle il a été rédigé et le caractère de son alphabet en sont une preuve manifeste. D'abord, cette langue est, comme nous l'avons vu, un mélange d'hébreu et de chaldaïque, mélange qui n'a pu se faire en Égypte avant le règne des Ptolémées, puisque sous les dynasties soit égyptiennes, soit persanes, qui avaient précédé la domination des Grecs, les établissements fondés en Égypte par les peuples d'origine sémitique n'avaient pas eu assez de durée ni de stabilité pour permettre aux divers dialectes parlés par ceux-ci de se fondre ensemble et de former ainsi une nouvelle langue. En second lieu, s'il est vrai, comme le reconnaissent généralement les paléographes, 1° que l'écriture des anciens Phéniciens, laquelle a donné origine à toutes celles qui sont appelées sémitiques, était anguleuse et allongée; 2° que dans les écritures qui en dérivent l'altération plus ou moins grande des formes primitives est un indice certain de leur postériorité et une base pour leur classification dans l'ordre des temps; 3° que ces écritures sont d'autant plus récentes qu'elles sont plus écourtées et plus arrondies; 4° enfin, que l'écriture égypto-araméenne reconnaît pour type le caractère phénicien primitif; si ces principes, dis-je, ne sont pas dénués de fondement, il faudra reconnaître que l'écriture de notre papyrus, qui ne présente que des formes arrondies, écourtées et simplifiées, est d'une date relativement moderne et, par conséquent, postérieure

---

[1] Jérémie, XLIII.

[2] Isaie, XIX, 18.

[3] *Antiquités judaïques*, l. XIII, ch. VI.

à la domination des Perses en Égypte. Or, pour constater le fait sur lequel repose notre assertion, il suffit de comparer entre elles les lettres des deux alphabets égypto-araméen et phénicien primitif, notamment les lettres *beth, daleth, vav, zaïn, heth, iod, mem, samech, ain,
koph* et *resch ;* on trouvera que dans celui-ci elles ont des formes anguleuses et allongées
qu'elles ont perdues dans celui-là, et qu'en particulier le *beth,* le *daleth* et le *resch* y sont
décapités et ouverts dans leur partie supérieure, comme dans les inscriptions phéniciennes les
plus récentes. Une chose également à remarquer dans l'écriture de notre papyrus, c'est la
triple forme qu'y affecte le *lamed :* il se présente, en effet, tantôt comme une tige allongée
munie d'un crochet à sa base, tantôt comme une simple barre s'élevant perpendiculairement
au-dessus de la ligne, et tantôt comme une longue broche ayant sa pointe inférieure tournée
en bas. Une autre particularité non moins significative, c'est le développement que prennent
à la fin des mots certains caractères, tels que le *lamed,* le *noun* et le *resch ;* dans ce cas, le
lamed offre une ressemblance parfaite avec celui de l'écriture carrée des Hébreux ; le *noun,*
dépourvu de son crochet, descend plus bas au-dessous de la ligne, et la partie supérieure du
resch est plus ouverte et plus longue, comme cela se voit plus particulièrement dans le *resch*
du mot *hathór,* qui se lit entre la cinquième et la sixième ligne, sur les bords du papyrus,
fol. v°.

Ces traces de lettres finales, qui indiquent l'une des dernières transformations de l'ancien
alphabet des Phéniciens, c'est-à-dire l'alphabet carré de la Bible, suffiraient pour démontrer
la date récente que nous assignons à notre monument égypto-araméen, si nous n'avions pas,
dans le groupement des lettres et la disposition du texte, une preuve encore plus convaincante
en faveur de notre opinion, je veux parler de la distinction des mots et de la distance qui les
sépare entre eux et les empêche d'être confondus les uns avec les autres. Il est certain que les
inscriptions phéniciennes les plus anciennes ne portent aucune trace de cette distinction, et
que ce n'est guère qu'un siècle, et tout au plus deux, avant l'ère chrétienne, que cette amélioration, fruit du progrès des lettres, fut introduite dans l'écriture et dans les textes épigraphiques, comme le prouvent l'inscription phénicienne Ire de Malte, la Ire et la IIe d'Athènes, la
IIIe, la IVe, la XIIe et la XXIIe de Citium, quelques médailles de Sidon et de Juba l'Ancien.
Du reste, cette particularité paléographique, qui se remarque seulement sur quelques épigraphes phéniciennes de basse époque, caractérise proprement tous les monuments égypto-araméens sans exception, et c'est là, à mes yeux, un indice certain de leur date récente. Maintenant, si l'on rapproche les divers alphabets tirés de ces derniers textes et qu'on les compare
les uns avec les autres, en suivant les données que nous fournit la paléographie orientale et
en se laissant guider par les principes généralement admis et exposés ci-dessus, l'on arrivera,
je crois, à cette conclusion, que la date de notre papyrus est plus moderne que celle du monument de Carpentras et du papyrus de Turin, dont les caractères présentent des formes
moins arrondies et, par conséquent, plus archaïques, mais qu'elle est plus ancienne que les
inscriptions de Palmyre, dont l'alphabet forme une sorte de transition entre l'araméen ancien,

le caractère carré des Hébreux et le syriaque dit *estranghélo* des Chaldéens modernes, et qui
ne remonte pas au delà du IIe siècle de notre ère. Je suis donc porté à croire qu'il est de la
même époque que les papyrus de Blacas, avec lesquels il offre la plus grande ressemblance
pour le caractère de l'alphabet, et je le rapporte aux derniers temps de la dynastie des La-
gides, âge que Gesenius a cru pouvoir assigner aux papyrus égypto-araméens en question.

Après avoir ainsi indiqué d'une manière approximative l'âge de notre papyrus, il nous reste
à examiner par qui et pour qui il a pu être rédigé. Ces deux questions, qui se trouvent réso-
lues en partie par tout ce qui a été dit dans l'analyse du texte, méritent de fixer ici un instant
notre attention. D'abord, il ne saurait y avoir de doute sur la destination et le sujet de l'écrit,
qui est tout simplement une note ou état de dépenses, comme l'indique clairement le titre qui
se lit à la première ligne et qui porte : *Dépenses pour le mois de Paôphi.*

Mais, sans aller plus loin, ne pourrait-on pas se demander si l'auteur de cette note ne l'aurait pas dressée pour lui-même et pour sa propre édification, afin de connaître le bilan de ses
affaires, l'état de ses dépenses, ou régler ses comptes avec un créancier? Cette supposition
tombe devant les paroles du texte, où l'auteur figure comme parlant à une tierce personne,
comme, par exemple, quand il dit (fol. r°, l. 6) : *Avec tout cela sur toi,* et (fol. v°, l. 8) : *Sur
toi, nous et quiconque,* etc. D'un autre côté, le texte donne à entendre que la personne à qui
la note est destinée, n'est pas de la même nation que l'auteur, puisque celui-ci, en s'adres-
sant à cette personne, lui dit (fol. r°, l. 6) : *Devant ton peuple.* Il est donc évident que dans
le papyrus il est question de deux personnes différentes, et que l'auteur n'a pas écrit la note
pour lui-même. Or, il y a toute apparence que cette personne appartenait à la nation égyptienne, puisque le papyrus provient de cette contrée et qu'il y a été trouvé confondu au milieu
d'autres papyrus d'écriture égyptienne qui formaient probablement ce que nous appelons
aujourd'hui des papiers de famille. S'il nous est permis de juger de sa fortune et de sa position sociale par la somme des dépenses consignées dans cette feuille, qui n'est qu'un fragment
d'un mémoire plus long et plus détaillé, ce devait être quelque prince ou riche seigneur,
occupant un haut rang dans la société égyptienne et se distinguant par un grand train de
maison, par la splendeur de ses festins et le nombre des sacrifices offerts en l'honneur de ses
dieux.

Quant à l'auteur du mémoire, bien que sa langue indique une origine sémitique, il n'est
pas facile de déterminer au juste sa nationalité; était-il Juif, Samaritain, Phénicien ou Chaldéen? Feu M. E.-F.-F. Beer, dans un travail qu'il a consacré spécialement aux monuments
égypto-araméens [1] et qui est resté malheureusement inachevé, a soutenu que tous proviennent
de Juifs établis en Égypte.

Cette opinion manque d'exactitude comme toutes les propositions trop générales, trop ab-
solues. L'une des principales raisons sur lesquelles elle s'appuie, c'est la langue hébréo-chal-

---

[1] *Inscriptiones et papyri veteres semitici quotquot in Ægypto reperti sunt editi et inediti, recensiti et ad originem
hebræo-judaicam relati,* particula I. (Lipsiæ, 1833.)

daïque qui semble avoir été propre aux Juifs depuis le retour de la captivité de Babylone. Nous croyons avoir montré plus haut que ce langage leur était devenu commun avec les Samaritains, les Phéniciens et les autres peuples cananéens voisins de la Palestine, depuis que le chaldaïsme avait envahi ces contrées, à la suite des conquêtes des rois d'Assyrie et de Perse. A cette observation, qui n'infirme pas peu le sentiment que nous combattons, il s'en joint une autre qui ne me paraît pas moins décisive : c'est la croyance religieuse consignée dans les monuments en question, croyance dont le savant paléographe allemand me semble n'avoir pas suffisamment tenu compte. En effet, si l'on excepte les deux papyrus de Blacas, dont le style est évidemment empreint de monothéisme, et pour lesquels Gesenius lui-même me paraît avoir adopté l'opinion de M. Fréd. Beer [1], tous les autres monuments égypto-araméens, ornés de bas-reliefs et d'images qui se rapportent au culte religieux des Égyptiens, ou présentant des noms de divinités païennes, révèlent une main polythéiste. Or, à l'époque à laquelle l'on convient que ces monuments appartiennent, l'histoire nous représente la nation juive comme attachée plus que jamais à la religion mosaïque, à la croyance à l'unité de Dieu, et comme jouissant, en Égypte, de la liberté de conscience la plus entière et la plus complète. Attribuer aux Juifs de l'Égypte des écrits et des monuments qui sont contraires à leur croyance et que condamne leur loi, c'est ne pas connaître l'histoire de cette époque, c'est ignorer l'esprit qui animait alors tous les membres de cette nation. Il est donc certain qu'à part les deux papyrus de Blacas qu'il est permis d'attribuer à des Juifs, les autres proviennent d'individus professant l'idolâtrie, et, par conséquent, étrangers à cette nation ; c'est à cette catégorie qu'appartient celui qui fait l'objet de notre examen. L'auteur de notre papyrus faisait profession du culte idolâtrique, c'est un fait qui est constaté par le texte lui-même ; car 1° il y est fait mention de deux divinités païennes bien connues, Phtah et Osiris ; 2° on y parle d'un acte religieux rempli dans les temples de ces mêmes dieux et devant leurs idoles, d'une purification devant Phtah et d'une autre devant Osiris, le 5 de Khoihak (fol. v°, l. 3 et 4); 3° il y est question d'un vœu accompli par l'auteur, le 6 du même mois (*Ibid.*, l. 6); 4° enfin, Phtah y est appelé *dieu grand et puissant* (fol. v°, l. 3), et une qualification également honorifique accompagnait probablement aussi le nom d'Osiris à la ligne suivante. Celui qui, en parlant des dieux adorés en Égypte, a cru devoir employer de pareilles expressions, n'était pas, à coup sûr, monothéiste, pas plus que celui à qui son mémoire était destiné.

Mais quelle était la profession de l'auteur, ou l'office qu'il remplissait à l'égard ou auprès du personnage égyptien pour qui ce mémoire paraît avoir été fait ? Dès l'abord, j'avais été tenté de croire qu'il avait été rédigé par un négociant étranger qui faisait, en Égypte, le commerce des vins, et présenté par lui à son client, qui devait être, comme nous l'avons déjà insinué, quelque grand seigneur de ce pays ; mais ensuite un examen plus approfondi des expressions et du sens du texte m'a fait rejeter cette première conjecture et conduit à une autre conclusion.

---

[1] *Scripturæ linguæque Phœniciæ monumenta*, libri II, c. viii, p. 237 et 238.

La ligne 4 (fol. r°) porte : *Dû à Soha bar Phoumath, vin d'Égypte, 700 amphores.* Il résulte de ce passage, qui est très-clair et entier, que l'auteur du mémoire avait été chargé par le personnage égyptien, quel qu'il soit, de lui présenter une note contenant non-seulement ses dépenses, mais encore les sommes dues à divers créanciers, tels que Soha bar Phoumath qui est ici nommé, ce qui suppose qu'il remplissait auprès de lui soit les fonctions de secrétaire, soit l'office d'économe ou d'intendant de maison ; s'il en avait été autrement, c'est-à-dire s'il avait été simplement un négociant ou le créancier de son client égyptien, il semble qu'en parlant, dans sa note, de ce qui lui était personnellement dû, il se serait abstenu de mentionner les créances d'autrui qui ne le regardaient pas.

Ce qui vient à l'appui de cette conjecture, c'est ce qu'on lit au fol. v°, l. 6, de notre papyrus : *Le 6 de Khoihak, qui est notre jour pour l'accomplissement de notre vœu,* etc. Cette manière de s'exprimer est, en effet, très-remarquable ; car elle dénote dans celui qui s'en est servi une communauté d'action, sinon dans toutes les affaires, du moins dans une circonstance mémorable, avec celui pour qui il a tracé la note des dépenses, une participation dans l'accomplissement d'un devoir commun, une intimité domestique dans les relations de la vie, conditions qui conviennent parfaitement à la position que nous supposons avoir été occupée par l'auteur du mémoire, et à l'office d'intendant qu'il nous paraît avoir rempli auprès du personnage égyptien.

Du reste, quelle que soit celle de ces deux professions qui ait été exercée par notre Araméen, soit qu'il ait géré les biens et les affaires d'une grande maison en qualité d'économe et d'intendant, soit qu'il ait fait le négoce et trafiqué, comme l'on dit, à ses frais et périls, et quel que soit le sentiment que l'on adopte sur ce point, on remarquera avec moi que la nature de ses occupations était, on ne peut plus, conforme au génie et au goût des gens de sa nation, je veux dire la race intelligente et industrieuse appelée sémitique ou cananéenne qui remplit jadis le monde de ses colonies et étendit ses relations commerciales dans toutes les parties du globe alors connues. Cette considération mériterait, sans contredit, quelque développement ; mais je suis obligé de faire ici comme ailleurs un appel au savoir et à la sagacité du lecteur, car cet écrit a déjà dépassé de beaucoup les limites que je m'étais prescrites, et, d'un autre côté, il me reste encore des éclaircissements historiques à donner sur un point que je n'ai fait qu'effleurer en passant, lorsque je m'occupais de l'analyse et de l'explication littérale du texte : je veux parler du vin présenté comme objet de dépenses dans notre papyrus.

Il y est fait mention de deux espèces de vin venant de deux provenances différentes, savoir : le vin cuit et le vin commun de Sidon (fol. r°, l. 2 et 10, et fol. v°, l. 5), le vin cuit et le vin commun de l'Égypte (fol. r°, l. 3, 4, 6 et *passim*). Parlons d'abord du vin de ce dernier pays, qui suppose la culture de la vigne et la fabrication de cette liqueur dans le royaume des Pharaons et des Ptolémées.

Le témoignage le plus ancien et le plus authentique à la fois que l'on puisse invoquer pour prouver l'existence de la vigne en Égypte, c'est celui de Moïse, qui, au ch. XL de la Génèse, parle du chef des échansons de Pharaon, du songe qu'il eut et de l'interprétation que Joseph lui en donna. « Le chef des échansons, » dit le texte sacré, « raconta son songe à Joseph en ces termes : « Pendant que je me trouvais dans mon état de songe, voilà que j'aperçus devant « moi un cep de vigne qui avait trois sarments avec leurs bourgeons déjà développés ; incon- « tinent les fleurs s'épanouirent, et bientôt après parurent les grappes avec leurs grains « mûrs. Il me semblait que je tenais dans mes mains la coupe de Pharaon ; je pressais les « grains des raisins et j'en exprimais le jus dans la coupe de Pharaon, et je plaçais ensuite « la coupe dans la main de Pharaon [1]. »

Hérodote semble, il est vrai, nier l'existence de ce fait, quand il affirme (livre II, 77) que les Égyptiens buvaient un vin qu'ils fabriquaient avec de l'orge, parce qu'il n'y avait pas de vigne dans la contrée ; mais il est probable qu'il a voulu parler seulement des parties du pays qu'il avait parcourues, et où, en effet, les habitants que leur pauvreté empêchait d'avoir du vin avaient inventé le moyen d'y suppléer par une boisson faite avec de l'orge, selon que nous l'apprend Dion l'Académique, cité par Athénée dans ses *Deipnosophistes* (livre I, 25). Ce dernier écrivain, qui était né en Égypte[2] et connaissait, par conséquent, toutes les ressources et les industries de cette contrée, parle non-seulement du vin comme une production du pays, mais il en décrit les qualités les plus estimées, et nous fournit pour l'histoire de cette liqueur les renseignements les plus précis et les plus curieux. « Les Égyptiens, » dit-il, « ont toujours « aimé le vin ; ce qui le prouve, c'est qu'il n'y a que chez eux où l'on se fasse un devoir de « manger, avant tout autre aliment, des choses bouillies. » « Si nous en croyons Hellanicus[3], » ajoute-t-il, « c'est dans le territoire de Phrétené, ville d'Égypte, qu'on a trouvé la vigne. » Parlant ailleurs des diverses espèces de vin que produisait l'Égypte, il s'exprime en ces termes : « Le vin Maréotique ou d'Alexandrie, » dit-il, « a pris son nom du lac Marée qui est « dans le territoire d'Alexandrie, ou de la ville de Marée, voisine de ce lac. Elle était autrefois « très-grande, mais actuellement elle se trouve réduite à l'état de village : elle avait été ainsi « nommée de Maron, son fondateur, qui accompagna Bacchus dans ses opérations militaires. « Il y a beaucoup de vignes dans tout ce canton ; les raisins ont un goût délicieux, et l'on en « fait un vin exquis : il est blanc, friand, présente un bouquet charmant et agréable ; sa « légèreté le rend digestible ; il est diurétique et ne porte pas à la tête. Le Tœniotique est la « meilleure sorte de ces vins ; il a pris ce nom d'une éminence sablonneuse (*Tœnia*) qui « s'étend en longueur dans ces contrées-là : les vins qui y viennent sont d'abord d'un blanc « un peu jaunâtre et un peu gras ; mais étendus d'eau, ils prennent la teinte du miel attique « délayé. Outre sa valeur, le vin Tœniotique a quelque chose d'aromatique et d'astringent. « On voit aussi beaucoup de vignes sur les bords du Nil et tout le long du cours de ce fleuve ; « mais les vins qu'on y fait sont fort différents, tant pour la couleur que pour l'emploi : le

[1] *Gen.* XL, 9, 10 et 11.

[2] Athénée, né à Naucrate, florissait dans le IIe siècle, sous le règne de Marc-Aurèle.

[3] Hellanicus, historien grec, né à Halicarnasse en 494 av. J. C. et 42 ans avant Hérodote.

« meilleur de tous est celui du territoire d'Anthylle, ville voisine d'Alexandrie, et dont les
« anciens rois d'Égypte et ceux de Perse, après eux, donnaient le revenu à leurs épouses.
« Le vin de la Thébaïde, surtout celui des environs de Copte, se donne à ceux qui ont la
« fièvre, car c'est un vin très-léger et de facile digestion [1]. »

. Le témoignage de cet écrivain, au sujet de la fabrication du vin en Égypte, est confirmé
par les monuments découverts dans ce pays, et notamment par les peintures très-anciennes
qui existent dans les grottes d'Eleithias, et dont nous lisons la description dans un savant
Mémoire lu autrefois à l'Institut du Caire par le citoyen Costaz. Voici ce qu'il en dit : « Des
« ouvriers remplissent des paniers de fruits bleus et sphériques, comme le grain du raisin ;
« ils détachent ces fruits du milieu d'un massif vert disposé en un berceau composé de
« feuillages, dont quelques-uns présentent sur leurs bords des découpures semblables à celles
« du pampre ; le massif est soutenu par des tiges contournées comme celles de la vigne : cette
« réunion de caractères ne laisse aucune place au doute.

« On peut conjecturer que les Égyptiens ne faisaient pas fermenter le raisin avant que
« d'en extraire le vin, et que leur pratique était analogue à celle que nous suivons pour avoir
« du vin blanc. A mesure que les paniers sont remplis, on les porte vers une auge plate
« dans laquelle on rassemble le produit de la vendange. Six hommes groupés par trois sont
« debout dans l'auge ; ils se soutiennent, avec les mains, à des cordes suspendues à une tra-
« verse horizontale que supportent deux poteaux terminés en fourche : ces hommes font avec
« leurs pieds des mouvements très-vifs et très-fréquents, et expriment ainsi le jus du raisin.

« Douze jarres, déposées en deux groupes de six, sont placées sur un plan plus éloigné ; un
« homme verse une liqueur dans une d'elles. C'est probablement le vin qu'on a fait à côté [2]. »

Il paraît que cette manière de fabriquer le vin s'est transmise d'âge en âge chez les habitants de l'Égypte, car elle se retrouve encore de nos jours parmi les chrétiens du pays, comme
le fait observer Girard dans la description suivante : « Après avoir foulé le raisin, » dit-il, « pen-
« dant une heure, dans une jarre de terre cylindrique, de la forme d'un petit cuvier, on le met
« dans un grand sac fait d'une étoffe de laine fort épaisse, que l'on tord avec force ; le jus de
« raisin exprimé par cette opération est reçu dans une jarre semblable à la première : la fer-
« mentation s'y établit et dure de huit à quinze jours ; on le transvase ensuite dans une de ces
« grandes *amphores* qui servent à transporter les huiles de Barbarie ; on enfouit ce vase pres-
« que jusqu'au cou, et l'on en ferme l'orifice avec un bouchon de bois scellé avec du plâtre.
« Malgré cette précaution, le vin ne se garde pas au delà de quelques mois, passé lesquels on
« ne le trouve plus qu'à l'état de vinaigre [3]. »

---

[1] Athénée, *les Deipnosophistes*, l. I, 25.

[2] *Mémoire sur les restes de la ville d'Eleithias, dans la Thébaïde, et sur les procédés de l'agriculture et de quelques
autres arts de première nécessité chez les anciens Egyptiens,* lu à l'Institut d'Égypte par le citoyen Costaz, le 24 fri-
maire an VIII. (*Mémoires sur l'Egypte*, t. III.)

[3] *Mémoire sur les irrigations, l'agriculture et le commerce de la province du Fayoum,* par le citoyen Girard, in-
génieur en chef des ponts et chaussées. (*Mémoires sur l'Egypte*, t. III, p. 354.)

Quant au vin de Sidon, qui est mentionné deux fois seulement dans notre papyrus et paraît avoir été très-estimé en Égypte, il était importé par les Phéniciens qui entretenaient des relations commerciales avec cette contrée depuis les temps les plus reculés, et avaient même des établissements à Memphis, où ils habitaient un quartier appelé de leur nom Τυρίων στρατόπεδον, *le camp des Tyriens,* comme nous l'apprend Hérodote (livre II, 112). Tout porte à croire que la dénomination de *vin de Sidon* était générique et comprenait aussi les vins des autres provenances, tels que ceux de Biblos, de Palmyre, de Damas [1], et même ceux de la Palestine, de l'Idumée et de la Babylonie [2]. Le territoire de Sidon avait, en effet, trop d'étendue pour produire une quantité de vin suffisante pour le commerce des Phéniciens qui a dû être considérable, puisqu'ils avaient des comptoirs et des forteresses sur toutes les côtes de la Méditerranée. Le vin de Phénicie, et, en particulier, celui de Biblos, jouissait d'une grande réputation, comme nous l'apprenons de ce passage de Cherestrate, cité par Athénée : « Je fais grand « cas, » disait cet auteur, « du vin de Biblos, en Phénicie; cependant je ne l'égalerai pas à celui « de Lesbos. Il est vrai que quand on en boit pour la première fois, il semble présenter un « bouquet plus agréable que le Lesbos, parce qu'on le boit d'ordinaire fort vieux ; mais si l'on « continue d'en boire, il est bientôt beaucoup moins flatteur. Le Lesbos, au contraire, pa- « raîtra toujours plutôt de l'ambroisie que du vin. Si quelques impertinents prétendent me « berner et soutiennent qu'il n'y a pas de meilleur vin que celui de Phénicie, je ne daignerai « pas même les écouter [3]. »

Il me reste à dire quelques mots du vin cuit, dont la fabrication, si elle ne remonte jusqu'au siècle du patriarche Noé, est du moins très-ancienne dans l'Orient et se perd, comme l'on dit, dans la nuit des temps. Ce qui me semble certain, c'est que les Phéniciens, qui en sont peut-être les inventeurs, en faisaient un très-grand commerce, l'offrant aux nations barbares qu'ils voulaient exploiter, et s'ouvrant ainsi au milieu d'elles des voies faciles et assurées. C'est d'eux, sans doute, que les Grecs et les Latins, qui appelaient cette liqueur du doux nom de *nectar,* ont appris l'art secret de le fabriquer [4].

L'un de mes amis, M. Alphonse Castaing, qui a fait une étude approfondie de tout ce qui est relatif aux mœurs des peuples de l'antiquité, à leurs usages nationaux, à leurs coutumes domestiques, aux conditions de leur vie matérielle et physique, à leurs aliments et à leur manière de se vêtir, etc., a eu l'obligeance de me fournir sur la liqueur dont il s'agit des renseignements fort curieux et très-peu connus. Je vais les transcrire ici, autant pour l'utilité du lecteur que pour ma satisfaction personnelle.

---

[1] Possidonius, cité par Athénée, rapporte que les Perses avaient transporté de leurs vignes à Damas, où l'on faisait d'aussi excellents vins que dans leur propre pays. (Athénée, *Deipnosophistes*, l. I, 25.)

[2] Chœréas, dit le même Athénée (l. c.), nous apprend qu'on faisait à Babylone un vin qu'on y appelait *nectar.*

[3] Athénée, l. I, 23.

[4] Les Arabes connaissaient le nectar des dieux sous le nom de *tillaa,* bien avant l'apparition du législateur qui leur a interdit l'usage du vin.

LETTRE DE M. A. CASTAING, PRÉSIDENT DE LA SOCIÉTÉ DES SCIENCES INDUSTRIELLES, ARTS ET BELLES-LETTRES DE PARIS, A L'AUTEUR DE CE MÉMOIRE.

« Paris, le 15 décembre 1861.

« Mon cher Maître,

« Vous avez bien voulu me consulter au sujet de l'emploi du vin cuit par les anciens : je suis heureux de me trouver en mesure de répondre à votre désir.

« Il est hors de doute que l'art de fabriquer le vin a réalisé quelques progrès, comme la plupart des procédés qui sont affectés aux besoins ordinaires de la vie. Ici l'amélioration a eu pour résultat de simplifier de plus en plus le mode de préparation. Les anciens pratiquaient habituellement divers procédés dont nous considérons aujourd'hui la plupart comme des sophistications plus ou moins caractérisées : les uns sont totalement abandonnés, tels que le mélange d'eau de mer (*anthosmias*), l'aromatisation par infusion de plantes, etc.; les autres sont relégués en certains pays, comme le plâtrage, la cuisson.

« Il n'est pas moins incontestable que l'usage du vin cuit remonte à une date très-éloignée. Le *nectar*, cette boisson des dieux, dont les poëtes les plus primitifs font mention, n'était qu'un vin cuit, aromatisé, édulcoré. « On préparait, au mont Olympe de Lydie, ce « que l'on appelle *nectar*, en mélangeant du vin, des rayons de miel et des fleurs d'une agréable odeur. » (Athénée, *Deipnosophiston*, II, 2.) Je n'ai pas besoin d'appeler votre attention sur cette coïncidence multiple de Lydie, province peuplée par des Orientaux; de mont Olympe, séjour des dieux; de nectar, boisson des dieux : un peu de confusion a suffi pour créer l'idée définitive qui en est restée, et cette confusion a été telle, que certains poëtes, et notamment Sapho, en font un aliment solide, ce qui l'assimilerait à nos *résinés* ou confitures; mais pour Homère, le nectar est la boisson des dieux. .

« Les Romains conservèrent la même tradition et ne changèrent que le nom; Festus en fait foi : « *Murrina*, genus potionis quod græce dicitur *nectar*. Hanc mulieres vocabant « *murriolam*, quidam vinum *murratum*....

« Murrata potione usos antiquos judicio est, quod etiam nunc ædiles per supplicationem « diis addunt ad pulvinaria, et quod XII Tabulis cavetur, ne mortuo indatur, ut ait Varro « in Antiquitatum libro primo. » (S. Pompeius Festus, *De verborum Significatione*.)

« L'usage du nectar s'est perpétué dans le moyen âge, et il est arrivé jusqu'à nous, mais modifié : le sucre remplace les rayons de miel; la cannelle, la coriandre, le poivre long, sont substitués au fleurs odorantes; enfin, le vin n'est plus cuit, du moins dans la partie que je connais du midi de la France [1]. Cette boisson se nomme *hypocras*, parce qu'après trois jours

---

[1] L'on fabrique du vin cuit dans le département des Bouches-du-Rhône, notamment dans la commune d'Auriol, arrondissement de Marseille. Il est fait avec le moût du raisin blanc de l'espèce dite *clairette*, et on le réduit par la cuisson aux trois cinquièmes environ.

d'infusion elle est passée à la chausse hypocratique. Une autre boisson qui rappelle plus exactement le nectar, du moins par rapport à la cuisson, c'est le *vin chaud* ou *grog* au vin, liquide cuit, sucré et aromatisé avec du citron, et souvent avec de la cannelle.

« Je n'ai pas présents à la mémoire des textes mentionnant l'emploi habituel du vin cuit chez les Grecs; je crois, d'ailleurs, que ce peuple, éclairé de bonne heure, sut apprécier assez le mérite intrinsèque du vin pour réduire considérablement l'usage de la modification dont il s'agit; toutefois, j'ai lu quelque part que les Lacédémoniens faisaient réduire leur vin aux quatre cinquièmes, et l'étendaient ensuite avec de l'eau. Athénée (*ouvr. cité*, II, 26) reproduit un passage du comique Antiphane, qui énumère le vin cuit dans une liste de condiments.

« Chez les Romains, dont les usages les plus anciens portent le cachet oriental le mieux caractérisé, l'emploi du vin cuit forma l'une des bases de la législation. Le vin cuit et quelques autres liquides analogues étaient seuls permis aux femmes.

« Je trouve ici l'occasion de résoudre une question habituellement mal comprise, et je la saisis avec empressement. Ce qui était défendu aux femmes romaines, c'était l'usage du vin pur, naturel, non cuit : « Quod *temetum* prisca lingua appellabatur, » dit Aulu-Gelle (*Nuits attiques*, X, xxiii, 1); mais il leur était permis de faire usage de boissons plus douces : « Bibere « autem solitas (mulieres) ferunt loram, passum, murrinam, et quæ id genus epotant, potu « dulcia. » (*Ibid.*, 2.)

« Nonius Marcellus nous a conservé divers passages de Varron qui ne laissent aucun doute sur cet objet, et qui l'éclairent complétement :

« Varro, *De Vita populi Romani*, lib. I : « Antiquæ mulieres majores natu bibebant loram, « aut sapam, aut defrutum, aut passum quam murrhinam quidam Plautum appellare pu- « tant. » (Nonius Marcellus, *De Proprietate sermonum*, CXVII, *De Genere cibor* et *potuum*, 13.)

« Ainsi, Varron restreint le privilége aux femmes faites, aux matrones, c'est-à-dire aux femmes mariées, comme l'exprime ailleurs le même Nonius, ou encore aux filles de condition libre, ainsi que Servius le fait entendre. Quant aux diverses boissons susmentionnées, je vais les faire connaître.

« *Defrutum* était le nom du produit le plus réduit du vin par la cuisson : « *Defrutum*, « si ex duabus partibus ad tertiam redigerant, defervefaciendo. » (Nonius M., XVII, 15.)

« *Sapa* représentait un liquide moins cuit : « Sapa, quod nunc *mellaceum* dicimus, mustum « ad mediam partem decoctum. » Varro, *De Vita populi Romani*, lib. I : « Sapam appella- « bant quod de musto ad mediam partem decoxerant. » (Nonius M., XVII, 14.) Isidore de Séville, dont le témoignage mérite moins de confiance au point de vue de l'exactitude des faits, représente la *sapa* comme une réduction aux deux tiers. (*Origines*, XX, 3.)

« *Carenum* était réduit au tiers seulement : « *Carenum* eo quod fervendo parte careat : « tertia enim parte amissa, quod remanserit carenum est. » (*Ibid.*) Remarquez qu'Isidore parle au présent, en sorte qu'en le prenant à la lettre, il semble que l'usage du vin cuit existait de son temps.

« *Murrhina*, *vinum murratum*, *murrata potio*, *nectar*, était ce que j'ai dit en commençant.

« *Passum* n'était pas du vin cuit, mais le produit de raisins à demi séchés sur pied.

« Enfin, *lora*, *loriola*, *moriola*, *murriola*, sur lesquels il ne nous est parvenu de Nonius qu'un texte défiguré, représentent des piquettes.

« Les textes que j'ai cités sont suffisamment concluants, et les faibles divergences qui s'y rencontrent n'ont rien de surprenant pour quiconque veut se rappeler la facilité avec laquelle les mêmes mots, dans la bouche du peuple, revêtent de significations variées, surtout lorsqu'il s'agit d'objets relatifs à la vie ordinaire et susceptibles de modifications réelles et continues.

« La cuisson du vin s'est perpétuée jusqu'à nos jours; mais elle ne porte plus que sur une partie du moût, que l'on fait réduire au feu et que l'on mélange ensuite avec le reste de la vendange. C'est ainsi que s'obtiennent ce qu'on appelle *vins cuits*, tels que le Rota, le Malaga, etc.

« Je souhaite, mon cher Maître, que ces renseignements remplissent l'objet que vous vous proposez, et je vous prie d'agréer la nouvelle expression de mes sentiments les plus dévoués.

« ALPH. CASTAING. »

CONCLUSION.

Après les savants détails qu'on vient de lire sur l'emploi du vin cuit par les anciens, détails qui ne sont pas étrangers à notre sujet, puisqu'ils expliquent le commerce que les Phéniciens faisaient de cette précieuse liqueur chez les Égyptiens, et les relations des Araméens avec ces derniers, il ne nous reste plus, pour terminer ce travail, qu'à résumer les observations auxquelles le papyrus égypto-araméen du Louvre a fourni matière. Ces observations sont renfermées dans les cinq propositions suivantes : 1° Le texte de ce papyrus, écrit en caractères phéniciens, a été rédigé dans un dialecte mêlé d'hébreu et d'araméen, mais où la terminologie et les formes de cette dernière langue prédominent; 2° le contenu est une note ou mémoire de dépenses dressé pour quelque grand personnage égyptien par son économe ou l'intendant de sa maison; 3° les objets mentionnés dans ce texte avec leurs provenances confirment ce que l'histoire nous apprend d'ailleurs des relations politiques et commerciales qui existaient entre les peuples de l'Asie occidentale et les Égyptiens; 4° les anciens Égyptiens ont cultivé la vigne et fabriqué du vin; 5° enfin, le vin cuit, inventé probablement par les Phéniciens, a été connu aussi des Grecs et des Latins, chez qui il portait le nom de nectar et était destiné principalement au culte des dieux et aux libations qu'ils leur offraient dans les sacrifices. Ces faits, que nous révèle le papyrus du Louvre, ou qu'il est permis de déduire de la lecture de son texte, donnent à ce monument une valeur historique qui sera comprise, je l'espère, par tous ceux qui étudient l'Antiquité, et, en particulier, par ceux qui s'occupent comme moi d'épigraphie et de paléographie. Les renseignements qu'il nous fournit sur la langue et les mœurs des Araméens établis en Égypte sous le règne des Ptolémées, sont déjà, comme on voit, fort précieux, mais assurément ils le seraient davantage, si le monument qui les contient, au lieu de l'état fragmentaire dans lequel nous le possédons, était parvenu jusqu'à nous complet et dans son intégrité. Cette malheureuse circonstance nous fait vivement regretter l'absence d'un plus grand nombre de textes de ce genre, et nous engageons les personnes qui auraient en leur possession ou à leur connaissance de pareils monuments, à leur donner de la publicité, afin de les mettre à la disposition des savants, car nous sommes persuadé que ces monuments ne serviraient pas seulement à éclaircir le texte de notre papyrus et à jeter du jour sur les parties mutilées qu'il présente, mais qu'ils pourraient contribuer aussi au progrès des études égytiennes, en aidant au déchiffrement de la langue des hiéroglyphes, langue qui a plus de rapport qu'on ne croit communément avec celle dont l'existence est constatée par les écrits araméens découverts en Égypte, contrée peuplée primitivement par les descendants de Cham, père de Misraïm et de Canaan [1].

---

[1] Les auteurs sacrés donnent à l'Égypte le nom de *terre de Cham* (Voy. Ps. LXXVIII, 51, CV, 23, 27, et CVI, 22). Les Égyptiens eux-mêmes appelaient leur pays ⲭⲏⲙⲓ, *Chémi*, en memphitique, et ⲕⲏⲙⲉ, *Kémé*, en sahidique, et Plutarque nous apprend que ce mot veut dire *chaleur* et *noirceur*, significations qui se sont conservées dans le copte ⲭⲁⲙⲉ, *chame*, « noir », et dans ϧⲙⲟⲙ, *khmom*, « chaud, chaleur ». Comparez avec les racines hébraïques חמם, « être chaud », et חום, « être noir », d'où חום, « noir » (*Gen.*, XXX, 32 et suiv.), et חם, « chaleur » (*Gen.*, VIII, 22), et חם, « chaud » (*Jos.*, X, 12). Ce même nom se trouve répété dix fois dans la célèbre inscription de Rosette, où il a été lu *Chmé* par Champollion. Voy. Iablonski *Opusc.*, éd. de Vater, I, p. 404 et suiv.; Champollion, *L'Égypte sous les Pharaons*, I, p. 104 et suiv., et Akerblad, *Lettre à Sylvestre de Sacy sur l'inscription de Rosette*, p. 33-37.

FIN.

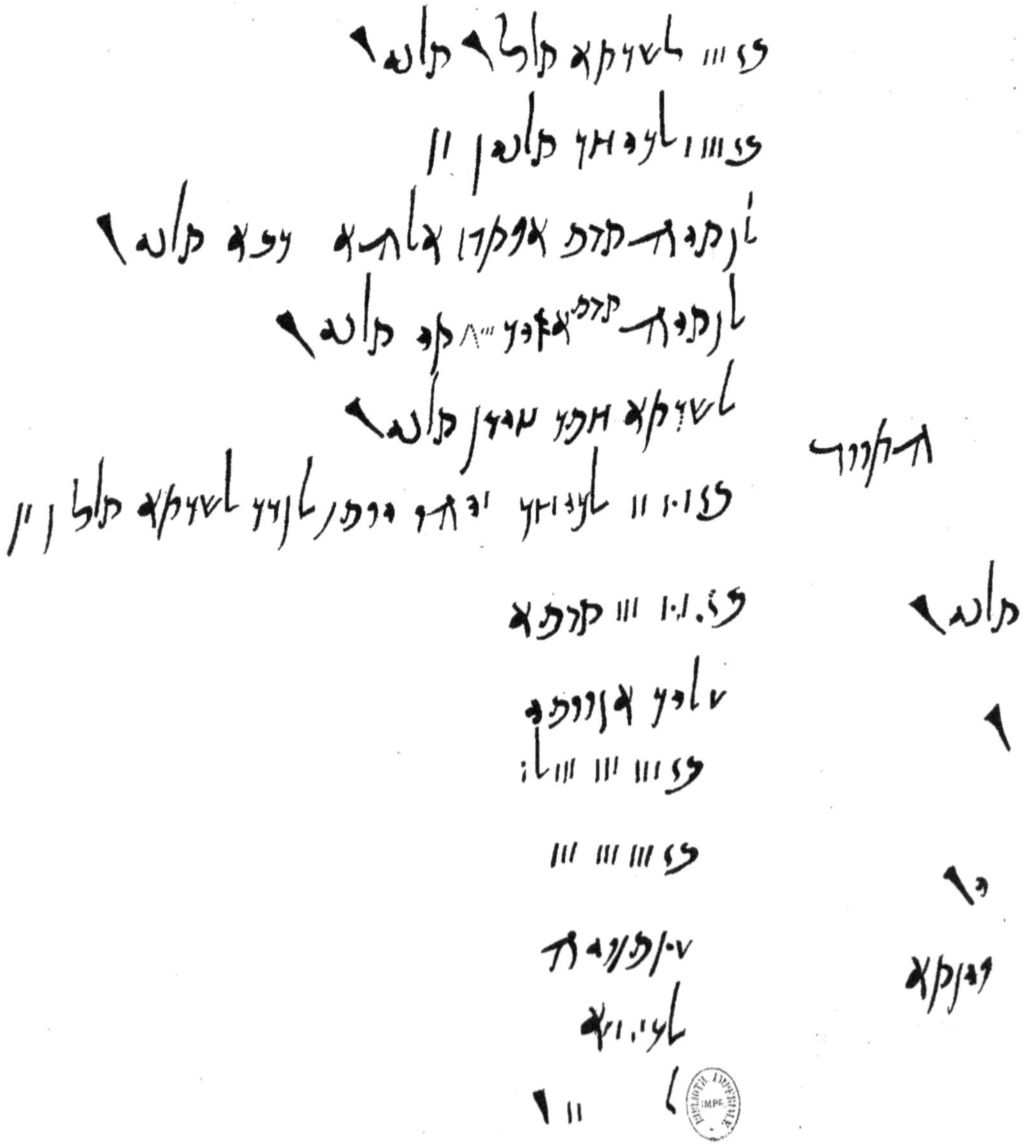

Paris. Lith. Callot, r. de Seine, 51.